Figurines de moda

Patrones para ilustración de moda

F. V. Feyerabend

2ª edición actualizada y ampliada

Título original: *Modefigurinen. Vorlagen für Modezeichnungen*, 3.ª ed. Publicado originalmente por Stiebner Verlag, Múnich

Traducción: Eva Nieto Silva
Revisión técnica: Belén Herrero
Diseño de la cubierta: Toni Cabré/Editorial Gustavo Gili, S.L.

Créditos de las imágenes: todas las ilustraciones de este libro son obra de Volker Feyerabend
www.volker-feyerabend.de, info@volker-feyerabend.de.
Representado por: www.becker-illustrators.com
Agradecimientos: Stefan Thiemer, Gerd Basiek

Printed in Spain
ISBN:978-84-252-2691-5
Depósito legal: B-4217-2014
Impresión: Agpograf, Barcelona

Editorial Gustavo Gili, SL
Rosselló 87-89, 08029 Barcelona, España. Tel. (+34) 93 322 81 61
Valle de Bravo 21, 53050 Naucalpan, México. Tel. (+52) 55 55 60 60 11

índice de contenido

prólogo

Figurines de moda se presenta en una nueva edición revisada por completo. Se han matizado todos los figurines, y tanto los peinados como los rostros han sido ligeramente adaptados. Así mismo, se han añadido nuevos tipos de figurines que amplían el abanico de estilos que se presentan en el libro.

Un nuevo capítulo, denominado «Aplicaciones», muestra distintas posibilidades de interpretación de un diseño mediante el uso de patrones de figurines, y aporta una visión más concreta del amplio contexto del diseño de moda.

En su estresante trabajo diario a la hora de preparar una colección, los diseñadores y estudiantes de moda suelen necesitar un acceso rápido a los patrones de los figurines. Precisan posiciones del cuerpo que resulten lógicas para el diseño del proyecto, pero que, sin embargo, ofrezcan grandes posibilidades de variación y complemento de los figurines estándar. Esta obra contiene una amplia colección de figurines extraídos del ámbito de la moda femenina, masculina y la confección para niños. Los figurines han sido adaptados a los conceptos habituales de idealización.

El abanico en que se mueven los dibujos de moda es tan variado y trepidante como la moda en sí. En consecuencia, solo la mano del diseñador puede ajustar los patrones existentes a los grupos objetivo de las diversas colecciones. Los toques, la distorsión y la estilización, los cambios en los peinados para seguir las tendencias más actuales, el sello personal del dibujante, el empleo de técnicas de dibujo, a mano, asistidas por ordenador o mixtas, son todos aspectos que influyen en la consecución de un efecto moderno en los dibujos.

Volker Feyerabend

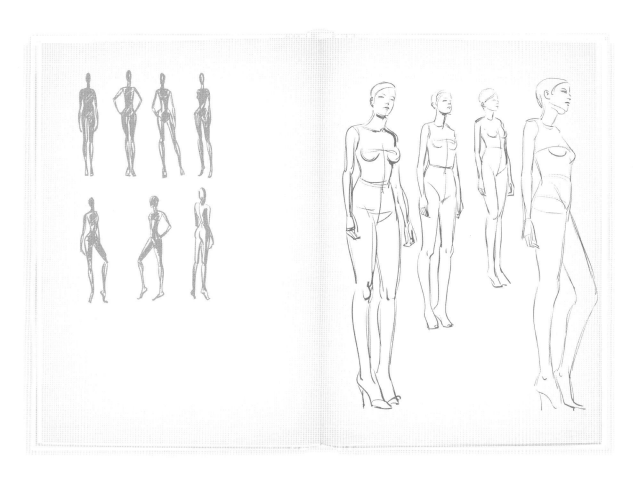

figurines

Los figurines de este libro están pensados tanto como modelos para el diseño de los bocetos como de ejemplo para el desarrollo de los figurines propios. En cada uno de ellos viene marcada la «línea media frontal», que juega un papel decisivo como línea de orientación para todo el diseño.

Los esquemas generales de idealización reflejan las tendencias sociales y se corresponden ampliamente con las construcciones y codificaciones que habitualmente presentan los medios de masas. Los conceptos de idealización utilizados en la obra se comentan al principio de cada uno de los capítulos. Las dibujos de los figurines, tal y como aparecen en el libro, son en un primer momento creaciones de la fantasía, razón por la cual están expuestos a la eterna discusión crítica de los cánones de la belleza.

Los figurines son patrones que los diseñadores utilizan para trabajar y que posteriormente impregnan de un sello personal. El estilo individual viene siempre determinado por el grupo objetivo de la colección.

Las modificaciones realizadas para los diversos grupos objetivo requieren una desviación del esquema de idealización estándar, y exigen una investigación muy minuciosa. ¿Deberían ser más masculinas las mujeres y presentar un aspecto más deportivo? ¿O los hombres parecer algo más femeninos? ¿Sería conveniente que los niños no fueran muy formales y tranquilos, sino mucho más inquietos y traviesos? Aquí son válidas las reglas propias de cada diseñador, que deberá realizar los ajustes pertinentes a su estilo a la hora de presentar su obra. Solo de ese modo se pueden combinar las complicadas exigencias de los distintos grupos objetivo con unos ideales de belleza cambiantes y unas tendencias claramente individuales.

Las mujeres con una talla XL fueron el elemento básico de la primera edición de este libro. En la presente edición también se incluye un breve capítulo dedicado a los hombres de esa talla, lo que supone una exigencia añadida incluso para los diseñadores más especializados que, con modificaciones en sus diseños, quieren diferenciarse de las líneas puramente comerciales.

Las abstracciones realizadas en los figurines pueden ser muy atractivas y sensatas, realzando de forma significativa el efecto estético de cada boceto. También otorga al dibujo un marcado sello personal el hecho de exagerar la longitud de las piernas o apostar por una significativa disminución del tamaño de las cabezas.

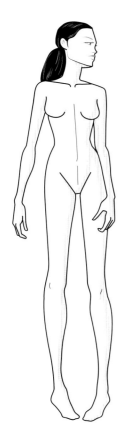

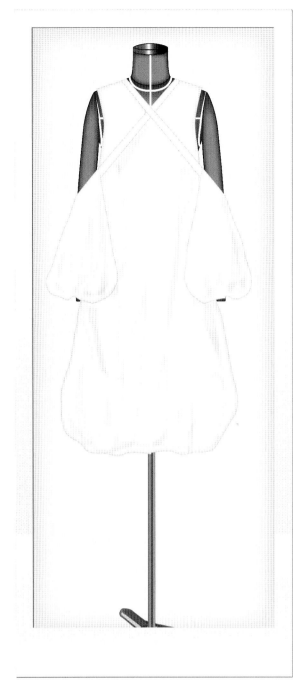

aplicaciones

La colección de figurines de esta obra puede servir como base para el desarrollo de los diseños propios. De ese modo, los figurines se pueden ajustar al estilo gráfico de cada diseñador.

El proceso de trabajo puede comenzar, por ejemplo, con unos esbozos rápidos, garabateados en un cuaderno, y unos patrones simples. Las primeras siluetas e ideas básicas, partiendo de una fuente de inspiración o bien en base a un desarrollo experimental totalmente libre, pueden ser plasmadas de una manera sencilla y sin gran despliegue de detalles. Los figurines pueden servir como esbozo para las posturas de las figuras dibujadas. En esta fase, los detalles tienen un papel secundario.

Para los cambios gráficos de los primeros bosquejos sobre el cuerpo se pueden utilizar como modelo unos figurines que se adapten al concepto de toda la colección. A modo de orientación, se puede afirmar que los diseños complejos tienen un efecto mejor sobre figurines sencillos y frontales, mientras que los bocetos menos complicados surten un efecto más dinámico sobre cuerpos móviles. Naturalmente, todo esto debe ser contrastado en cada caso particular.

En una misma colección de moda es recomendable elegir un estilo uniforme para los figurines, de tal forma que toda la presentación ofrezca un sello personal y único.

Si como modelo debe utilizarse un figurín, puede colocarse debajo del papel de dibujo. En un primer momento, la prenda de ropa queda encima del figurín, sobre el papel de dibujo. A continuación se dibuja el figurín en sí (ajustado y modificado según el estilo) en los puntos que no quedan cubiertos por la prenda de ropa.

Por medio de un dibujo técnico adicional se puede concretar el patrón para transmitir una imagen precisa de su funcionalidad y proporciones.

Por último, el patrón elegido se puede elaborar en un material de simulación, como, por ejemplo, un trozo de tela de rafia sobre el cuerpo, para comprobar la funcionalidad y el efecto del diseño en otros procesos de la producción.

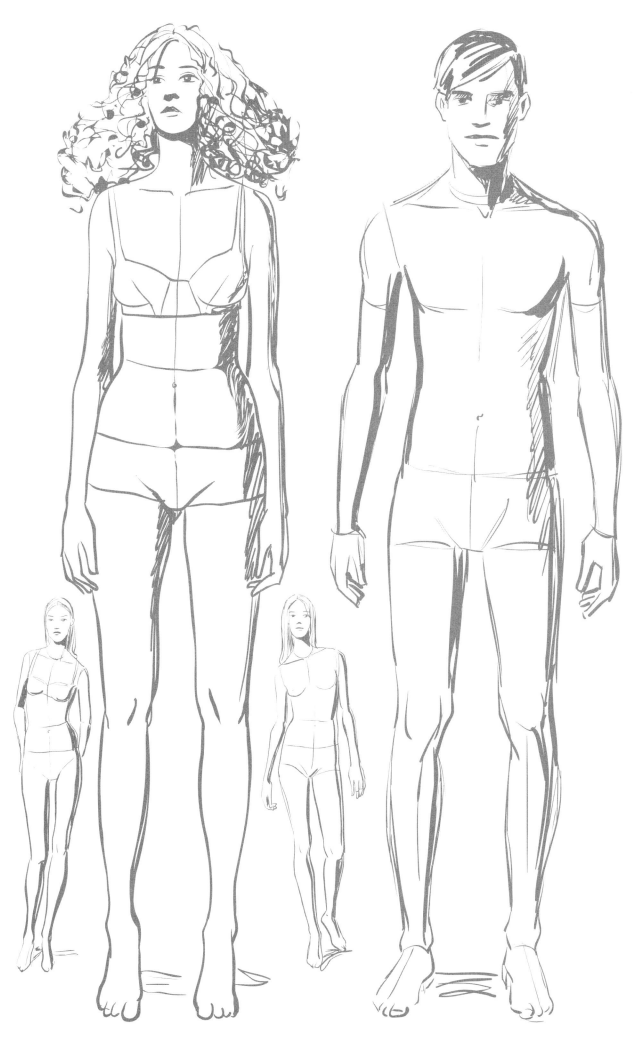

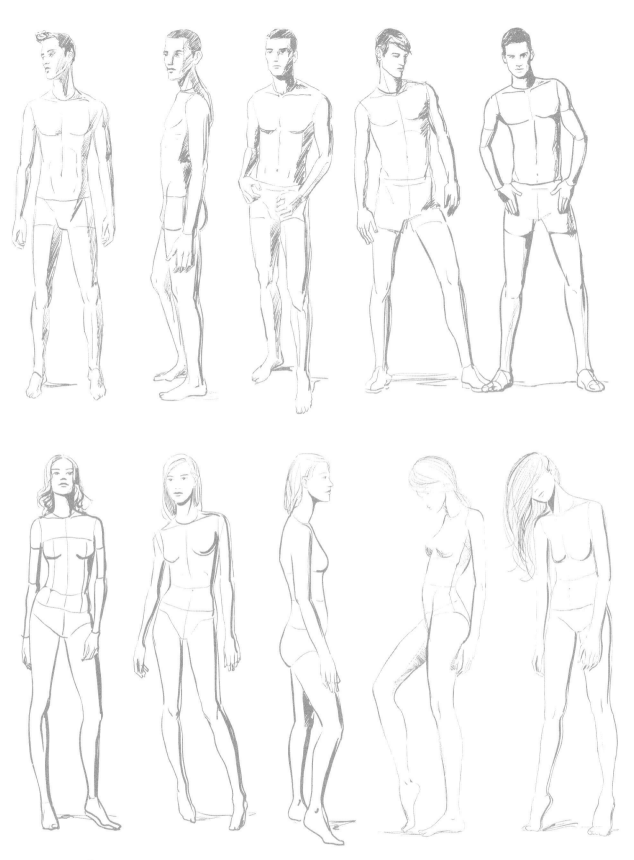

Figurines básicos

La mayoría de las colecciones solo requieren una cantidad de figurines reducida. Si la presentación debe ampliarse o mostrar un aspecto mucho más variado, suele resultar útil contar con figurines que sean en parte dinámicos. Las vistas de espalda se suelen representar por medio de dibujos técnicos planos.

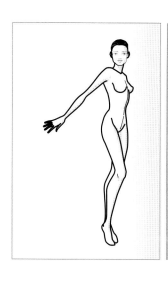

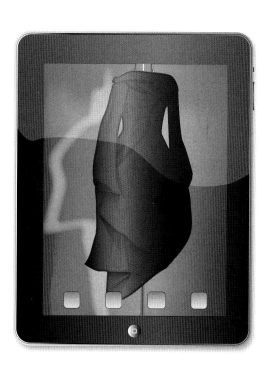
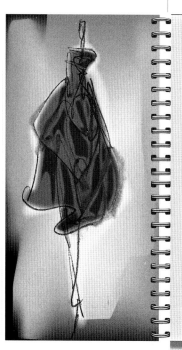

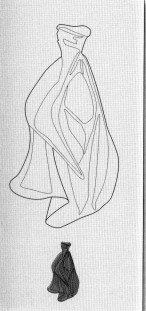

La elección de los figurines

En cada nuevo proyecto se plantea la pregunta sobre qué tipo de figurines se ajusta mejor a la colección. Además, la elección del estilo depende de las preferencias personales, de la capacidad de expresión estilística y de las posibles directrices planteadas por el cliente.

Para facilitar la comprensión se pueden añadir directrices naturalistas. Por otra parte, junto a los dibujos puramente técnicos, la utilización de figurines con un estilo libre, ilustrativo o artístico aporta a la colección un acento más palpitante. Otros medios importantes son la estilización (simplificación) y la abstracción (reducción a lo esencial).

Los ejemplos que aparecen en este capítulo muestran diversos estilos y posibilidades de presentación a la hora de mostrar los patrones. Para cada proyecto de moda concreto es necesario encontrar una presentación gráfica que refleje de la mejor manera tanto la expresión como las ideas.

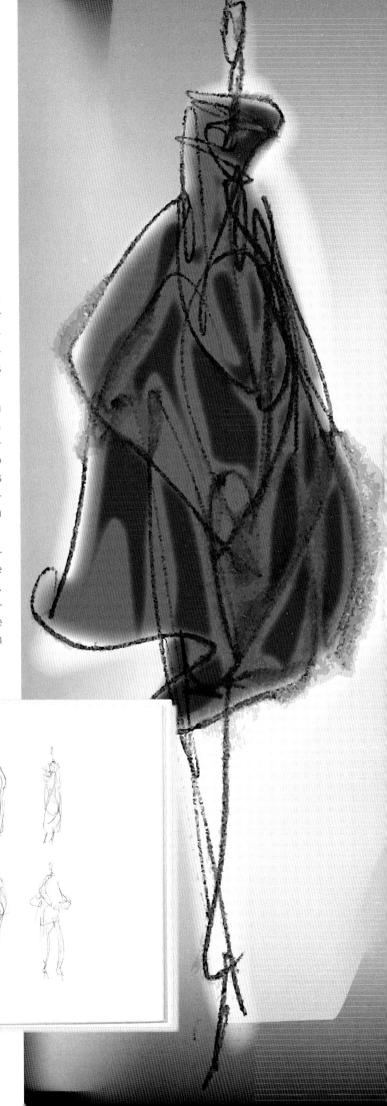

Abstracción y estilización

En este ejemplo, los figurines se presentan planos y con un único color que establezca un contraste adecuado con los proyectos.

La renuncia a marcar los contornos conduce a unas formas de cuerpo muy llamativas que quedan despegadas de los tejidos.

Los cambios se consiguen por las distintas posturas de los figurines en un mismo esquema corporal. En la ilustración superior se han omitido por completo los detalles, como pueden ser el rostro y el peinado, mientras que los figurines del dibujo inferior han sido enriquecidos con peinados, por medio de contornos de pelo y mechones muy marcados.

Estilo bosquejado y estilo garabateado

En los ejemplos de esta página se pueden observar distintos estilos de bosquejos. Un estilo con muchos trazos aporta al dibujo un carácter vivo y espontáneo.

En los ejemplos de la parte superior la forma de los figurines se repite. Este recurso aporta el sosiego necesario para juzgar los detalles relativos a una misma silueta vestida con diseños ricos en variantes.

En los ejemplos de la parte inferior los figurines se han representado mediante garabatos. Si estos dibujos se amplían, resultan estilizaciones muy interesantes, debido precisamente a la falta de definición de los detalles (ver la ilustración de la derecha).

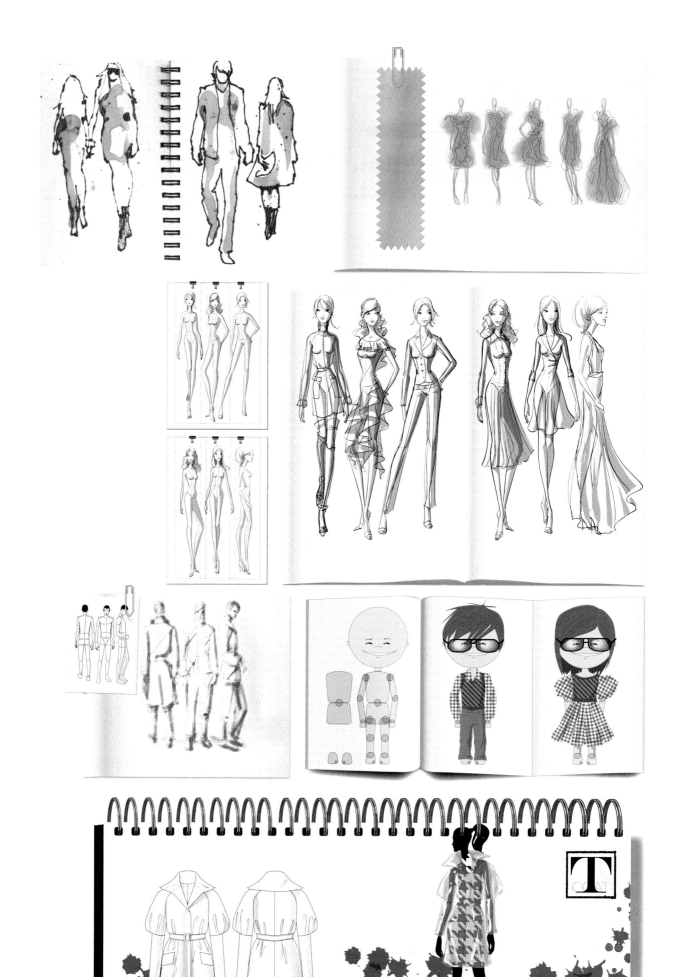

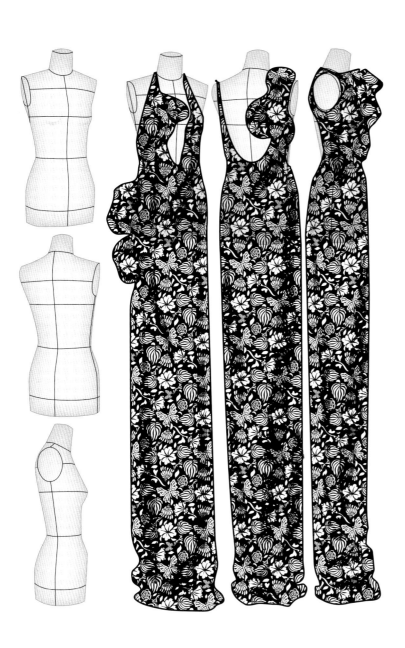

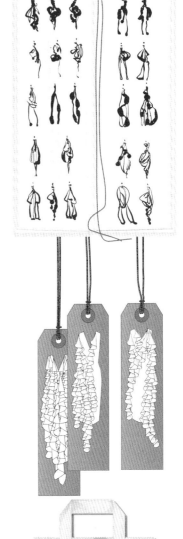

Otras formas de presentación

No solo los figurines, también los maniquíes de medio cuerpo pueden servir para desarrollar y presentar bocetos de moda. En este caso, la presentación suele informar de una forma imparcial.

En estas páginas se pueden observar diversas representaciones gráficas, desde las realizadas con meros trazos hasta ilustraciones de tipo experimental.

El libro *Accesorios de moda. Plantillas*, de este mismo autor, contiene más de mil dibujos técnicos y gran cantidad de ilustraciones de figuras vestidas que pueden ser utilizadas como modelos en los cuales realizar modificaciones de acuerdo con los gustos personales del diseñador.

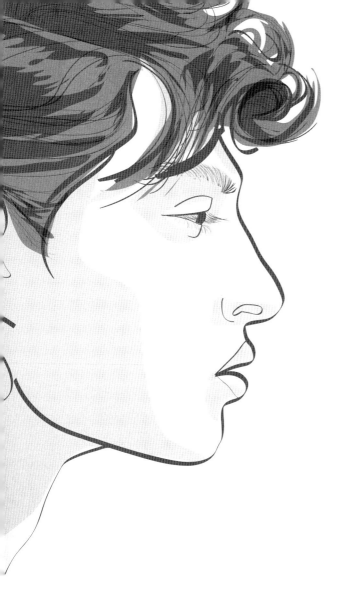

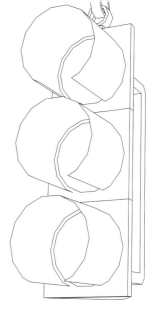

construcción

La forma más recomendable para comenzar a esbozar un figurín consiste en trazar una línea vertical. Partiendo de ella habrá que dibujar la posición, la anchura y el ángulo de los hombros.

En el siguiente paso se completan los miembros, como si se estuviera ante una marioneta. Servirá de gran ayuda la opción de marcar claramente las articulaciones, pues serán el punto de partida para las modificaciones de dirección de los ejes de cada una de las extremidades. Esto resulta especialmente útil sobre todo cuando se deben modificar figurines ya disponibles, en los que se desee variar la postura de brazos y piernas.

En ocasiones, el mero hecho de alterar la postura de los brazos o la cabeza resulta tan desconcertante que el observador piensa que está viendo un figurín totalmente nuevo. Gracias a ello se pueden crear fácilmente variantes de figurines ya existentes.

Tal como muestran los ejemplos de este capítulo, puede ser muy útil descomponer las extremidades en sus formas básicas, es decir, con aspecto de troncos de cono. De esa manera se representan y comprueban fácilmente las proporciones corporales.

La línea media frontal marcada en el figurín es la línea auxiliar más importante de los dibujos, puesto que facilita su orientación.

La vertical dibujada al principio ejerce una función primordial durante todo el desarrollo del figurín. Sirve como criterio para analizar si el figurín se encuentra en una postura estable. Si la vertical queda fuera de la superficie de apoyo de los pies, y esta postura no se justifica por la impresión de un movimiento congelado (por ejemplo, de baile), entonces la figura ofrece un aspecto «inclinado». En tales ocasiones, el observador recibe una impresión negativa y, de forma inconsciente, percibe que la colección tiene un resultado poco sólido.

Figurín frontal básico

Partiendo de la vertical como ayuda para la construcción, se dibujan círculos auxiliares para la cabeza, un trapecio (con la base mayor hacia arriba) para el torso superior y un círculo en la zona de la pelvis. El diámetro del círculo de la pelvis debe ser igual a la base superior del trapecio del torso.

Otras marcaciones sirven para señalar la posición de las articulaciones de las rodillas y los tobillos, que se unen por su parte exterior por unas líneas que destacan tanto el muslo como la pierna. La zona de los pies de los figurines está representada por un trapecio.

La longitud de las piernas se determina en función de la idealización deseada. No obstante, la pierna y el muslo deben tener aproximadamente el mismo largo.

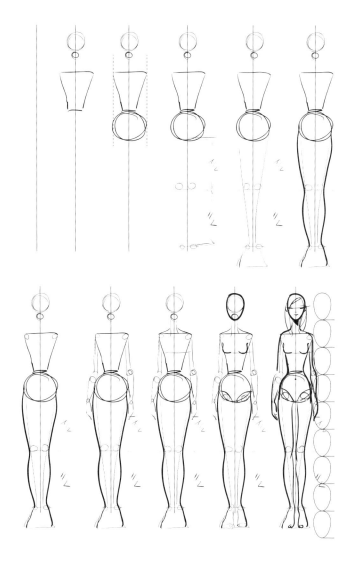

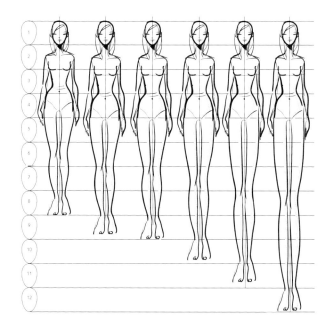

El tamaño de la cabeza como unidad de medida para las proporciones

Un buen sistema para la construcción de los figurines es determinar la estatura de los mismos como un múltiplo de la altura de la cabeza.

El cuerpo mide aproximadamente 8 veces la longitud de la cabeza. Sin embargo, para los figurines, la regla general establece una estatura que multiplica por 10 la longitud de la cabeza.

A la hora ampliar la estatura de los figurines, se suele alargar la zona de las piernas puesto que un aumento excesivo de las medidas de la parte superior del cuerpo, en la zona del torso, resulta poco real. Los bocetos de la zona de las piernas (por ejemplo para faldas y pantalones) soportan perfectamente un incremento sustancial de la longitud de las mismas.

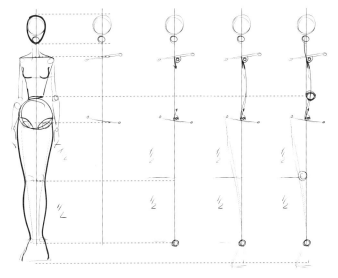

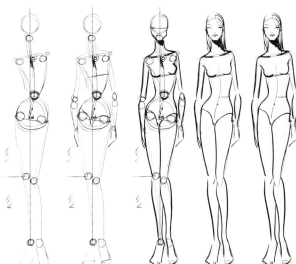

Construcción de figurines frontales con pierna de apoyo y pierna libre

Un «figurín frontal con pierna de apoyo y pierna libre» se distingue por el hecho de que una de las piernas (la «de apoyo») soporta el peso de todo el figurín, mientras que la otra pierna (la «libre») debe quedar ligeramente flexionada.

La pierna de apoyo debe estar situada sobre el eje vertical del figurín.

Estos figurines deben desarrollarse a partir de los frontales básicos, en los cuales los ejes de los hombros y las caderas se dibujan con un ángulo levemente inclinados respecto de la vertical.

Tal y como muestran los dibujos de la izquierda, el punto central del eje de los hombros está situado sobre la vertical, mientras que el centro del eje de las caderas queda desplazado ligeramente hacia un lado. La línea media frontal está fijada por el centro de ambos ejes, en ángulo recto con ellos. Por encima y por debajo de los ejes, y a causa de la postura del figurín, la línea media frontal se dibuja algo curvada.

A continuación se marca la cintura sobre la línea media frontal (en el dibujo aparece como una línea roja de trazos). El punto dibujado sobre esta línea está situado al lado de la vertical, con lo cual el figurín adquiere un cierto dinamismo. Posteriormente se va añadiendo el resto de los elementos del cuerpo, paso a paso, por medio de círculos y otras líneas auxiliares.

Variantes de figurines frontales con pierna de apoyo y pierna libre

Los dibujos de la derecha muestran figurines con pierna de apoyo y pierna libre que se han desarrollado a partir de un figurín frontal (representado en el centro). Los figurines frontales básicos, con sus proporciones, sirven como modelo estándar.

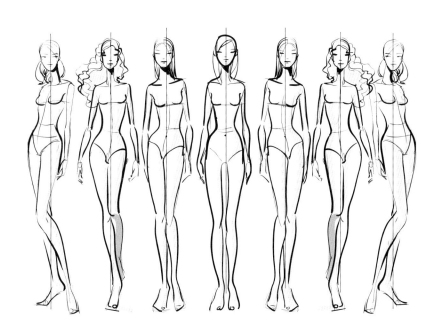

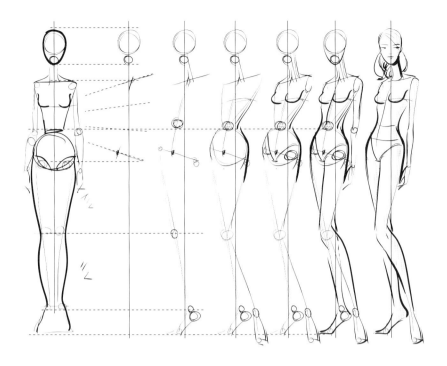

Figurines en semiperfil con pierna de apoyo y pierna libre

Los ejes de los hombros y las caderas se dibujan ligeramente oblicuos con respecto a la vertical.

El cuerpo de estos figurines está girado hacia un lado, por lo que se debe contar con un acortamiento de la perspectiva: la parte izquierda del cuerpo es más corta que la derecha (desde el punto de vista del observador).

Por este motivo, la vista frontal del eje de la cadera está desplazada hacia la izquierda y algo acortada en esa zona izquierda. El punto de partida de la línea media frontal queda claramente a la izquierda de la vertical, mientras que el del eje de los hombros está ligeramente rotado hacia la derecha.

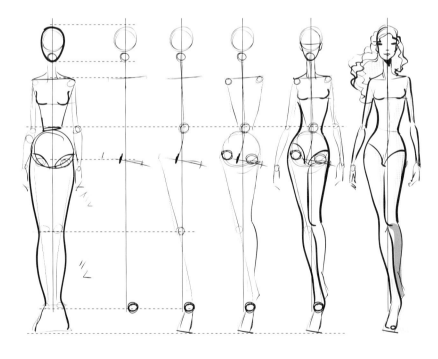

Figurines en movimiento

Este figurín presenta una postura en fase de movimiento, tal y como se podría observar en una pasarela.

Al contrario de lo que ocurre en la postura de pierna de apoyo y pierna libre, en este caso, la segunda pierna no se encuentra flexionada junto a la de apoyo, sino que queda por detrás de ella.

Lo especial es que la superficie del pie de apoyo quede situada junto a la vertical, lo cual refuerza visualmente la dinámica del caminar.

La pierna no cargada está ligeramente elevada, por lo que el muslo debe representarse acortado. Un sombreado por debajo de la rodilla resalta claramente la perspectiva.

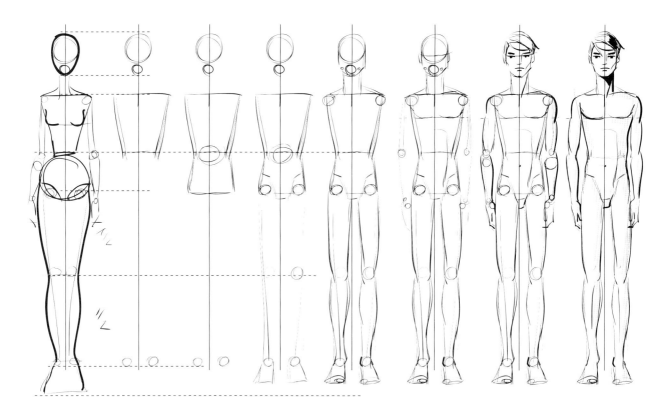

Figurines masculinos frontales

Los dibujos muestran el desarrollo de un figurín masculino en contraposición a uno femenino. Para dejar más clara la diferencia, en la parte superior izquierda se ha representado un figurín femenino.

El torso de los figurines masculinos se estructura a partir de dos trapecios, cuyas bases más cortas (ambas tienen la misma longitud) quedan a la altura de la cintura.

Por medio de la utilización de un trapecio para la pelvis, en lugar de un círculo, los figurines masculinos exhiben una angulosidad mucho más marcada que la de los femeninos.

La anchura de los hombros, de acuerdo con el concepto de idealización, se puede variar según los gustos personales del diseñador.

La posición de la pierna de apoyo y la pierna libre se consigue por medio de un eje de hombros ligeramente inclinado, lo mismo que el eje de las caderas. Es importante tener en cuenta el desplazamiento de la cintura con respecto a la perpendicular.

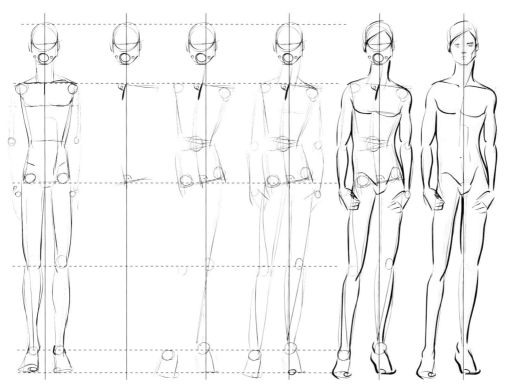

Figurines laterales

Partiendo de las proporciones de un figurín frontal, se han dibujado círculos auxiliares para la sisa, la zona del talle, la pelvis y otras articulaciones. Posteriormente, se unirán mediante unas líneas exteriores para conseguir el dibujo de los límites corporales, de donde resultará el figurín completo.

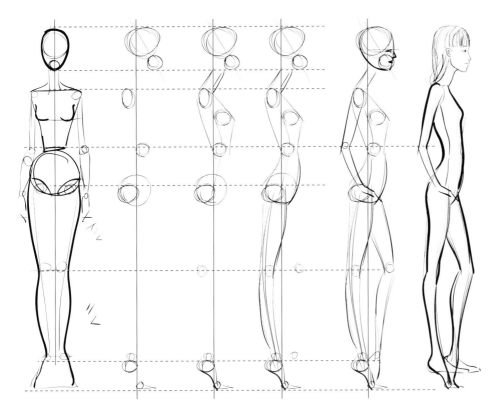

Figurines frontales infantiles

Las siluetas de los cuerpos de niños, sean niños o niñas, solo se diferencian, hasta la pubertad, en los órganos sexuales primarios.

El torso se estructura por medio de dos trapecios que se estrechan ligeramente en la zona de la cintura.

Por medio del dibujo de círculos auxiliares para representar las articulaciones, y líneas exteriores que los unan, se definen los brazos, las piernas y los pies de los figurines.

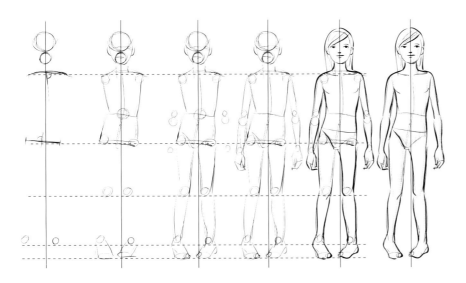

Figurines en posturas poco comunes

En esta página y en las sucesivas se muestran ejemplos para construir figurines en posturas poco comunes, por medio de utilizar cuerpos articulados estilizados.

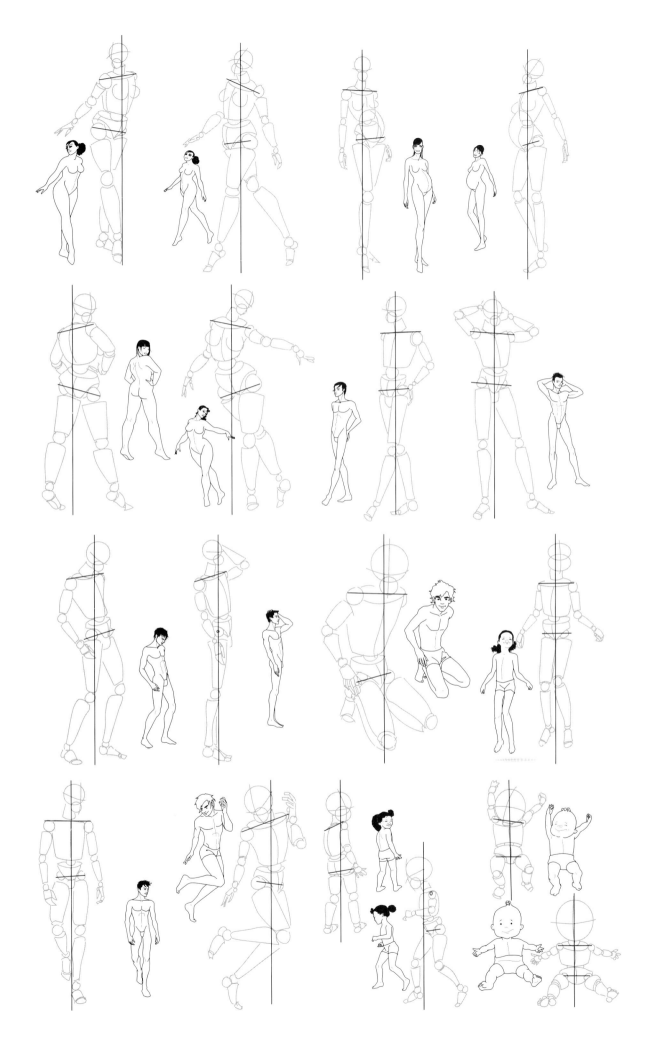

líneas auxiliares

A la hora de diseñar y dibujar moda, es imprescindible que las siluetas de las prendas de ropa, con sus piezas cortadas y los detalles deseados, se coloquen sobre el figurín con la perspectiva correcta. En este caso, las líneas auxiliares tienen una gran importancia.

Debido a la gran complejidad y las numerosas posibilidades de organización de los bocetos, las líneas auxiliares sobre los figurines de este capítulo solo presentan algunas prendas básicas de ropa, seleccionadas para que sirvan como ejemplo.

Algunos modelos se muestran con las líneas de corte tradicionales para las pinzas a cintura, tan importantes para la generación de la silueta en los diseños estrechos y estilizados.

La línea media frontal supone una importante línea de ayuda y referencia. En todos los dibujos simétricos, el punto de escote más profundo está situado sobre dicha línea. Lo mismo cabe decir para los sistemas de cierre (como botones o cremalleras).

En el caso de prendas ceñidas, las costuras de cierre quedan situadas sobre la mitad trasera o bien se ocultan lateralmente.

La curvatura de las sisas se hace visible predominantemente en los dibujos de perfil y

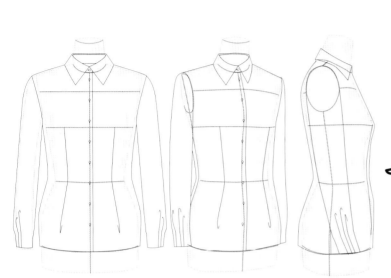

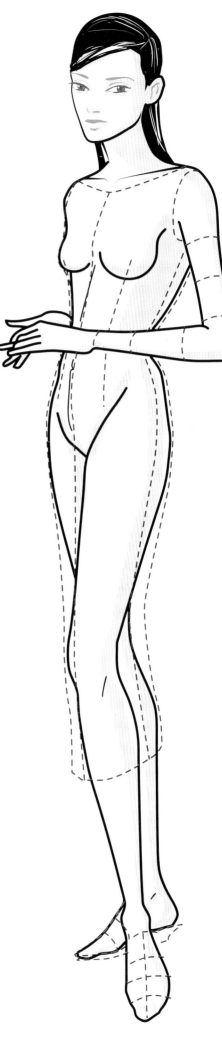

semiperfil. En el caso de figurines relativamente frontales, las sisas se muestran bastante rectas o solo ligeramente redondeadas. Puesto que al dibujar la zona de la sisa en figurines no frontales es posible cometer algunos errores, se recomienda utilizar unas líneas auxiliares para estos figurines.

Es siempre importante dejar patente el aspecto que debe tener la silueta del dibujo: anchura de hombros, contorno de la cintura y largo. Igualmente adquieren un gran significado los detalles como pueden ser aberturas, pespuntes, bolsillos y cierres. Las líneas auxiliares permiten el posicionamiento adecuado de todos ellos.

La colocación correcta de los detalles es primordial en los figurines en perspectiva, a los que hace referencia gran parte de este libro. Los figurines en perspectiva y los «móviles» enriquecen la presentación de una colección, por lo cual despiertan el interés de los dibujantes más avanzados.

Son especialmente importantes las líneas de costura, que siempre deben ajustarse a la curvatura del cuerpo. Cuando se coloca una pieza de ropa sobre el cuerpo, las líneas de costura nunca deben ser rectas. Si se dibujaran así, los diseños parecerían rígidos y torpes.

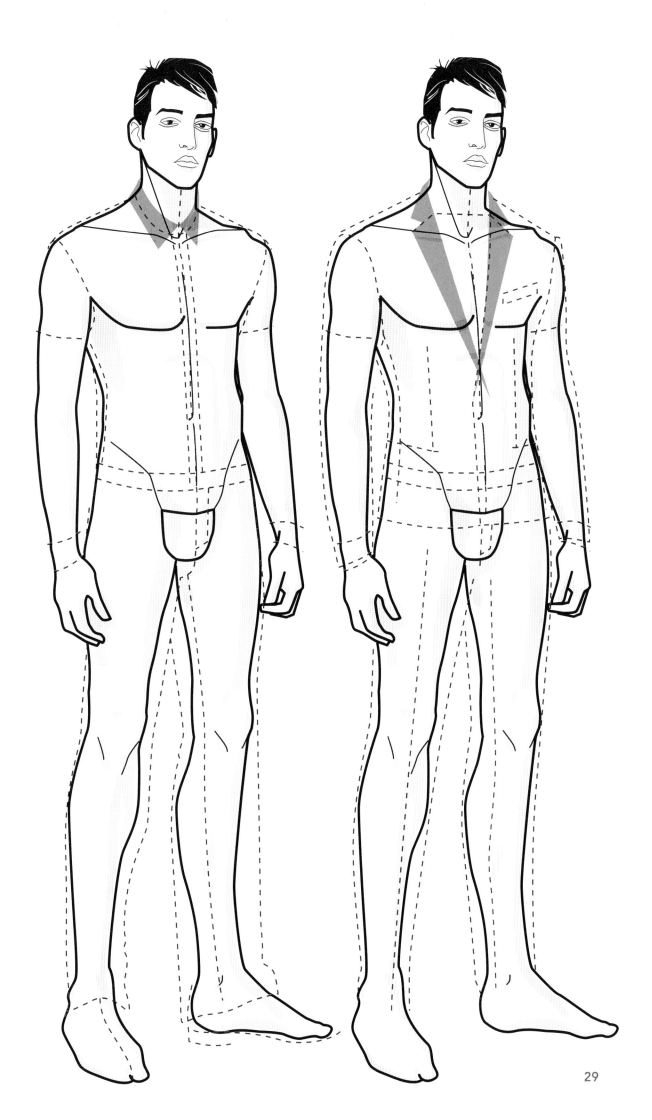

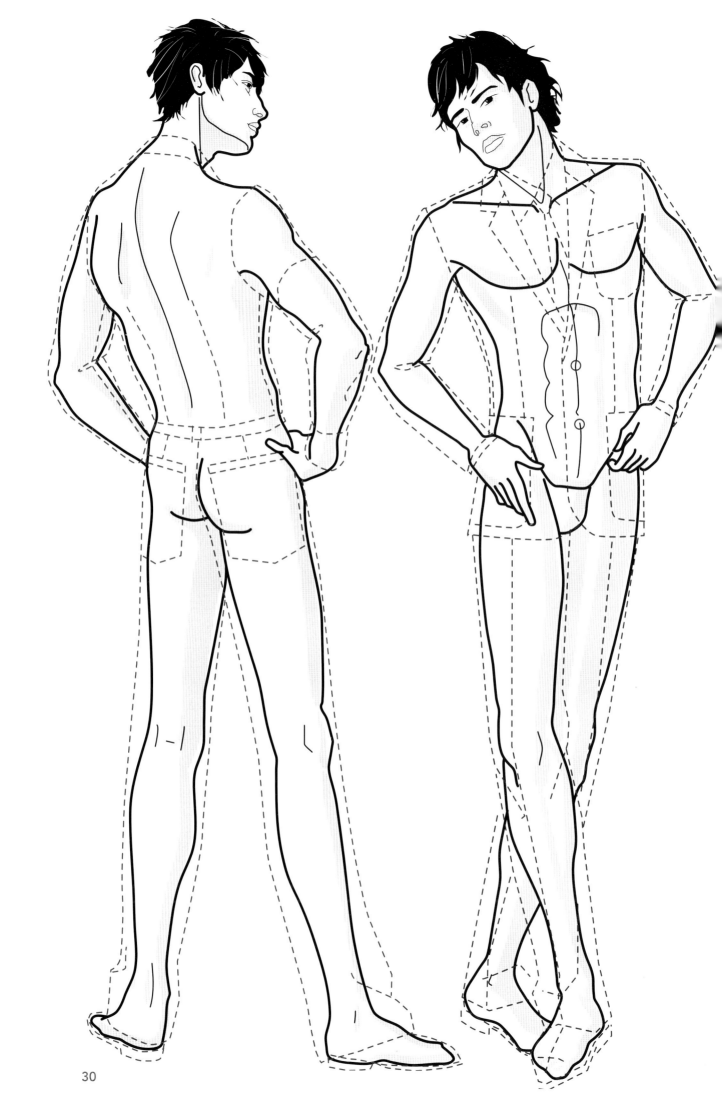

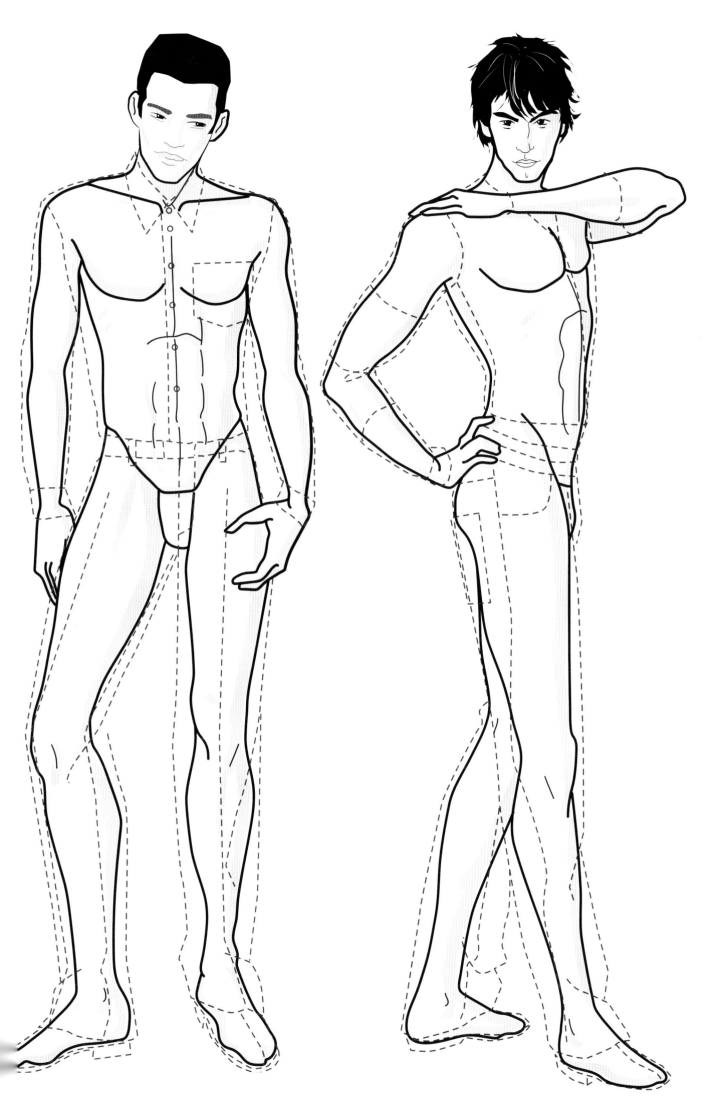

rostros y peinados

A la hora de dibujar figurines, la representación de los rostros y los peinados es un tema fundamental. Casi todos los que se muestran en este libro exhiben distintos estilos de pelo que arrojan un total de más trescientos modelos de peinados.

El dibujo de los rostros y el cabello consiguen remarcar el efecto «moderno» del diseño. Un dibujo poco logrado de un rostro o un peinado incorrecto hacen que incluso los diseños más actuales parezcan aburridos y faltos de interés. Cabe destacar que algunos peinados presentan un aspecto de modernidad distinto en las fotografías que en su traducción gráfica en el dibujo.

Si el dibujante no es capaz de conseguir un rostro adecuado, lo mejor sería dejarlo en blanco. En este caso es más que suficiente un boceto de pocas líneas para el comienzo de la cabeza y esbozar ligeramente el peinado. La superficie vacía del rostro se convierte entonces en un lienzo en blanco en el cual cada observador podrá proyectar su propio ideal de belleza. Los resultados que se consiguen de este modo pueden resultar realmente sorprendentes. Las ilustraciones realizadas por Mats Gustavson confirman este fenómeno. Él es uno de los grandes maestros de la simplicidad, y sus ilustraciones de moda, a pesar de la extrema sencillez, son de una belleza increíble.

Si nos topamos con el problema de que no podemos representar correctamente un rostro pero, sin embargo, lo necesitamos para el grupo al que va dirigida la colección, siempre es posible hacer uso de un panel de inspiración con fotografías o modelo de rasgos de la cara en versión fotográfica. Según las circunstancias, una buena fotografía será capaz de representar mucho mejor el espíritu de la colección que un dibujo con un rostro no adecuado.

Un consejo importante a la hora de dibujar los peinados consiste en concentrarse en su silueta. Por regla general, es más que suficiente con perfilar la forma del peinado y algunos mechones con líneas independientes.

En este libro todos los peinados vienen representados de forma uniforme, aunque llamativa. El cerebro humano es capaz de traducir este lenguaje de signos reducido y definirlo como peinado. Por lo tanto, en este caso es acertado el lema de «menos es más».

Siempre hay que evitar los figurines «sin cabeza». Si solo se dibuja el arranque del cuello, el efecto puede resultar bastante negativo. Es necesario remarcar como mínimo la zona de la barbilla, de esa forma el efecto negativo puede ser considerado como un detalle estético.

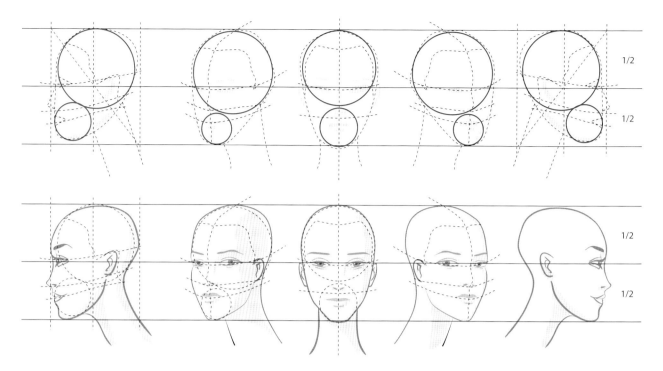

1/2

1/2

1/2

1/2

En la serie superior se muestra la posible estructuración de una cabeza sin inclinación en vistas de perfil, de semiperfil y frontal. En la segunda serie se observa una clara acentuación de los detalles, cuya situación se orienta con las líneas auxiliares.

1/2

1/2

1/2

1/2

Para los rostros masculinos es válida la misma estructura anatómica, pero, por regla general, la forma de la cabeza es algo más prominente para remarcar la masculinidad. La serie inferior muestra rostros de hombres con una elaboración mucho más intensa.

Estilización

La serie superior muestra los rostros con un sombreado claro y una leve acentuación en la zona de los ojos.

En la segunda se han dejado solo las formas sombreadas laterales y se resaltan los labios con color.

En la línea inferior solo se han remarcado ciertas sombras.

Estos ejemplos muestran que, a pesar de la reducción de los detalles, los figurines mantienen un rostro suficientemente expresivo. Si la zona del rostro se deja en blanco, sin muchos detalles, se deja abierto a que el observador proyecte su propio ideal de belleza en ellos.

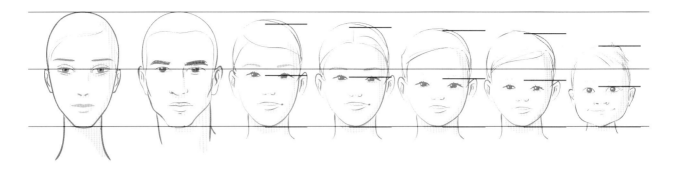

Caras infantiles

La esquematización de un rostro infantil supone una especie de versión en diminutivo de una cara. Esto significa, por lo general, que la distribución de los ojos, la nariz y la boca debe quedar bastante más cercanos que en un rostro adulto.

Mientras que en los adultos los ojos suelen estar posicionados en la zona media entre la coronilla y la barbilla, en los niños los ojos se sitúan por debajo de esa línea. En los figurines infantiles, los ojos (con respecto al tamaño de la cara) se dibujan ligeramente más grandes.

Además de las representaciones naturales, los figurines infantiles también suelen incorporar formas de cabeza de tipo cómic. Suelen estar construidas a partir de círculos que se van desplazando unos de los otros de distintas maneras.

Estilos de representación

La galería de rostros que aparece en la parte superior de esta página muestra una selección de caras femeninas, masculinas e infantiles con diversos estilos de dibujo: esbozos, exageraciones tipo cómic, estilizaciones y abstracciones.

Vemos cómo con diversos estilos de dibujo se puede conseguir la impresión de un rostro utilizando solo unos pocos detalles. Si se desea trabajar con los mínimos elementos de una cara, deberán realizarse pruebas en cada uno de los estilos para descubrir cuál es el que se ajusta mejor a la colección correspondiente. Los dibujantes inseguros suelen decantarse por estilos abstractos, puesto que en ellos las simplificaciones pueden resultar mucho más atractivas que un naturalismo excesivo.

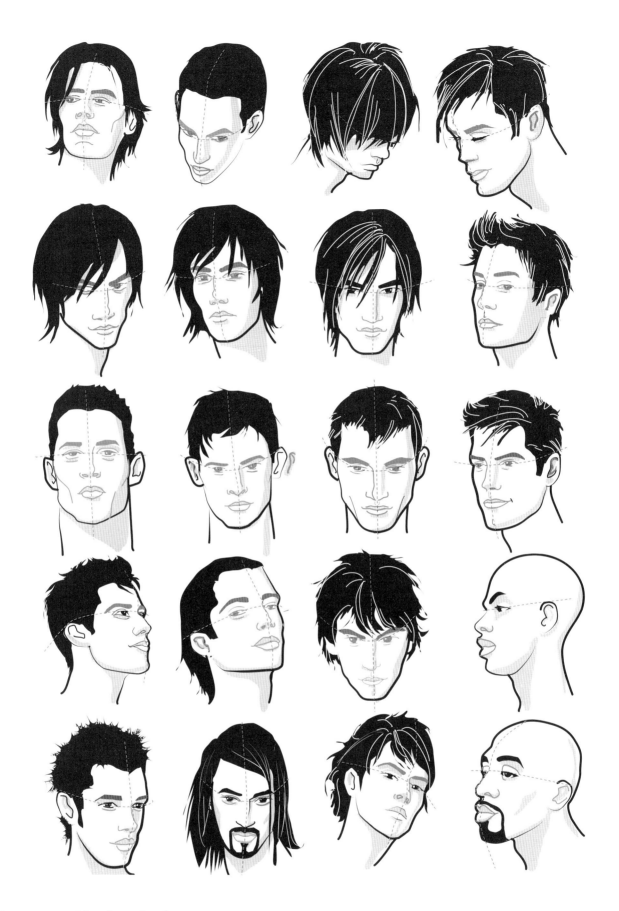

Representación de peinados

Por regla general, para los figurines suele ser más que suficiente un peinado sencillo (como muestran los ejemplos). La barba debe dibujarse del mismo modo que el peinado: como forma. Dependiendo del estilo del dibujo, puede ser muy útil pintar algunos cabellos sueltos. Sin embargo, hay que tener en cuenta que la distancia entre los mechones no sea demasiado regular para no generar un aspecto demasiado homogéneo.

Los reflejos claros, que acentúan zonas específicas del cabello, pueden hacer que un peinado sencillo parezca mucho más vivaz y adquiera profundidad. Es importante que las zonas con reflejos se ajusten al volumen del cabello y de la cabeza de manera que siempre se mantenga un efecto visual fluido.

mujeres

Los figurines de esta serie femenina se corresponden con un concepto idealizado con piernas largas, cintura estrecha y figura deportiva y sexy, tal y como conocemos a las *top models*.

El contorno del pecho debe ajustarse al grupo al que va dirigida la colección. Una cintura un tanto marcada ayuda a realizar un claro entallado de las siluetas delgadas.

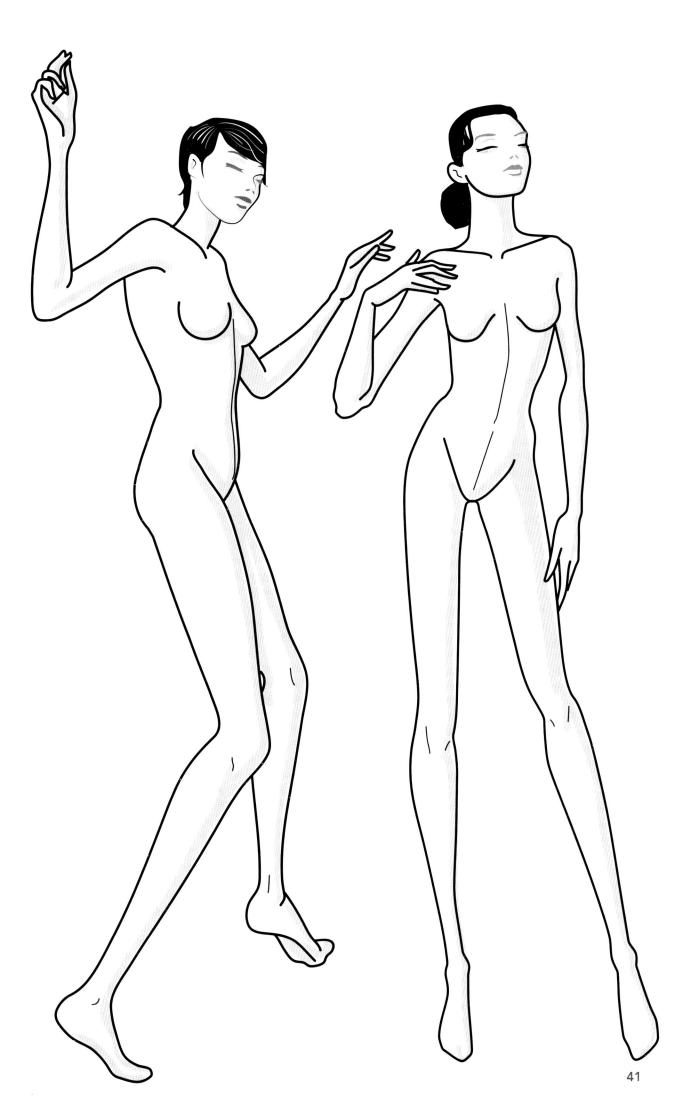

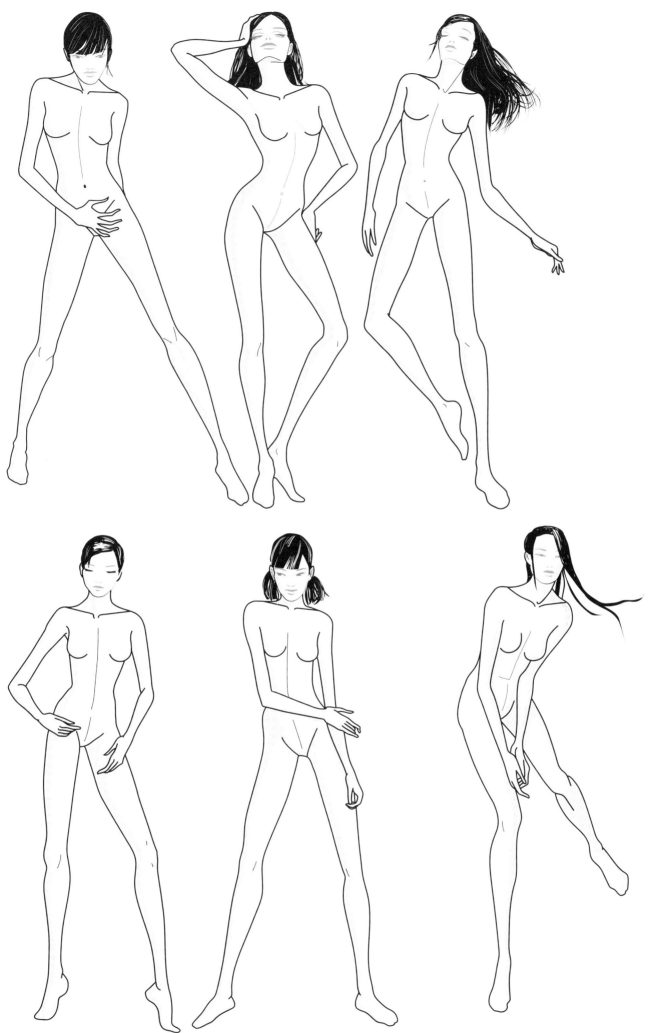

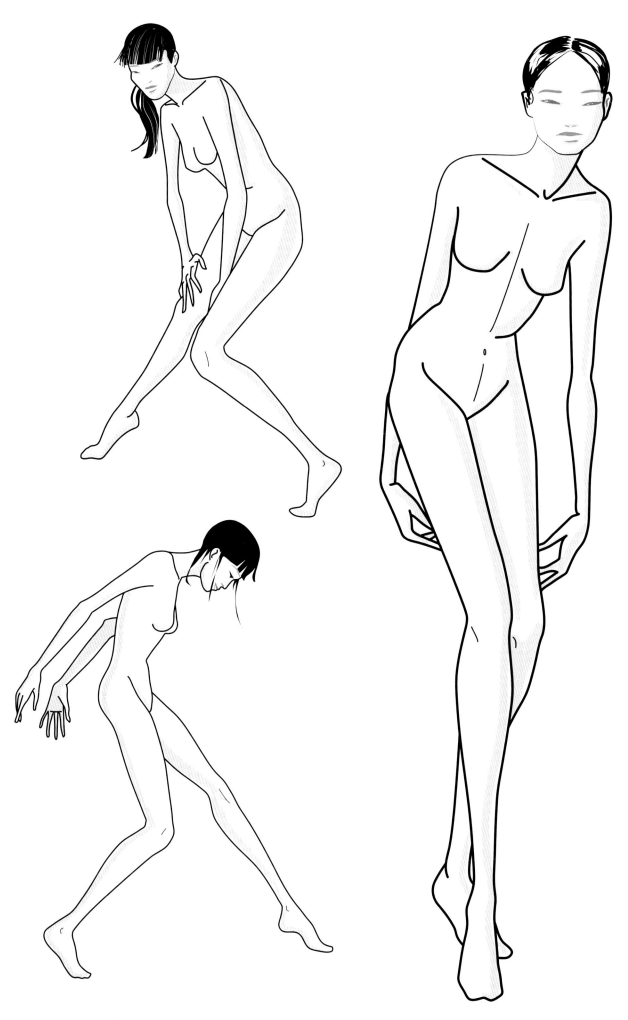

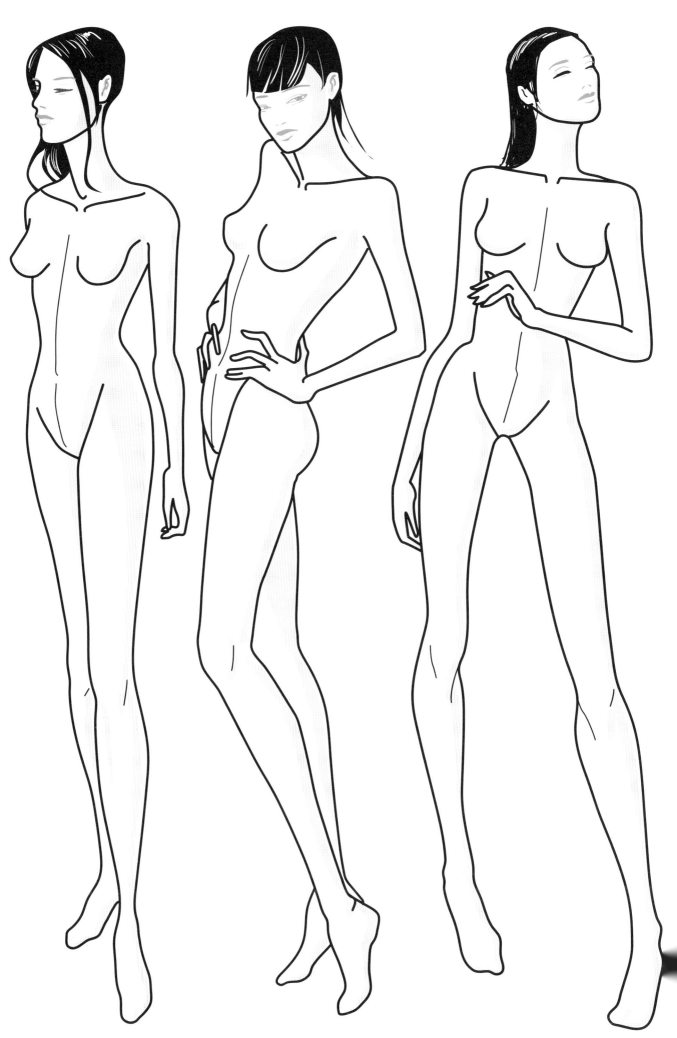

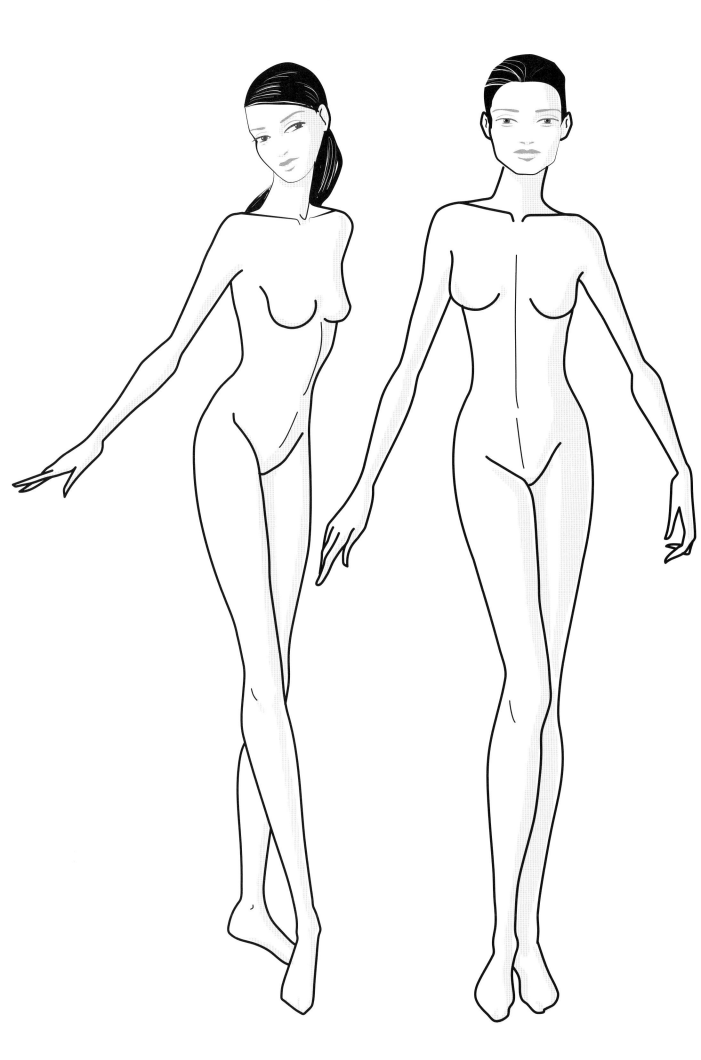

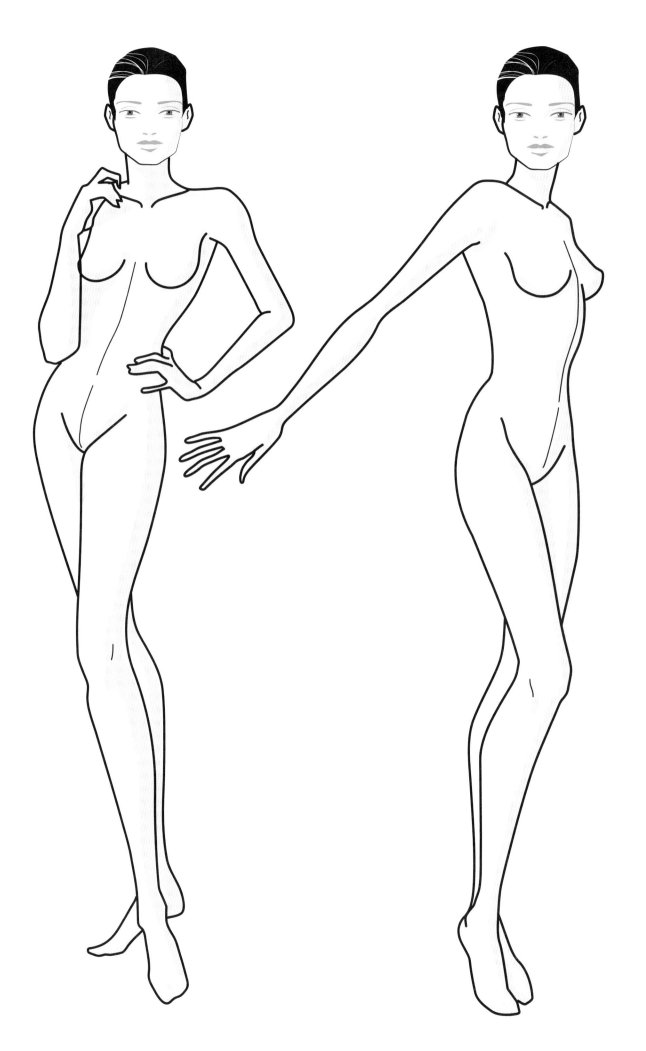

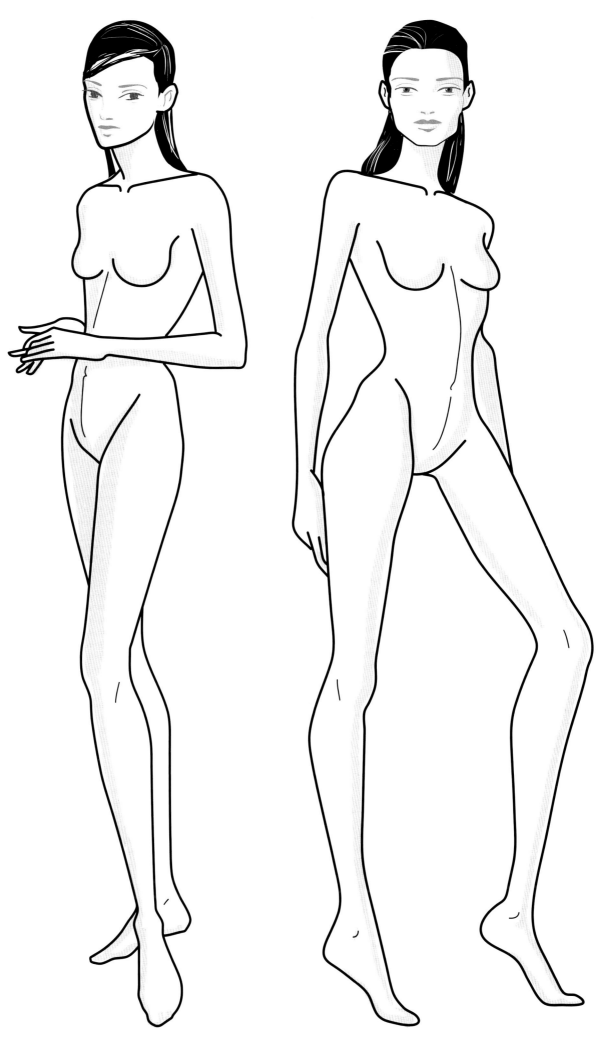

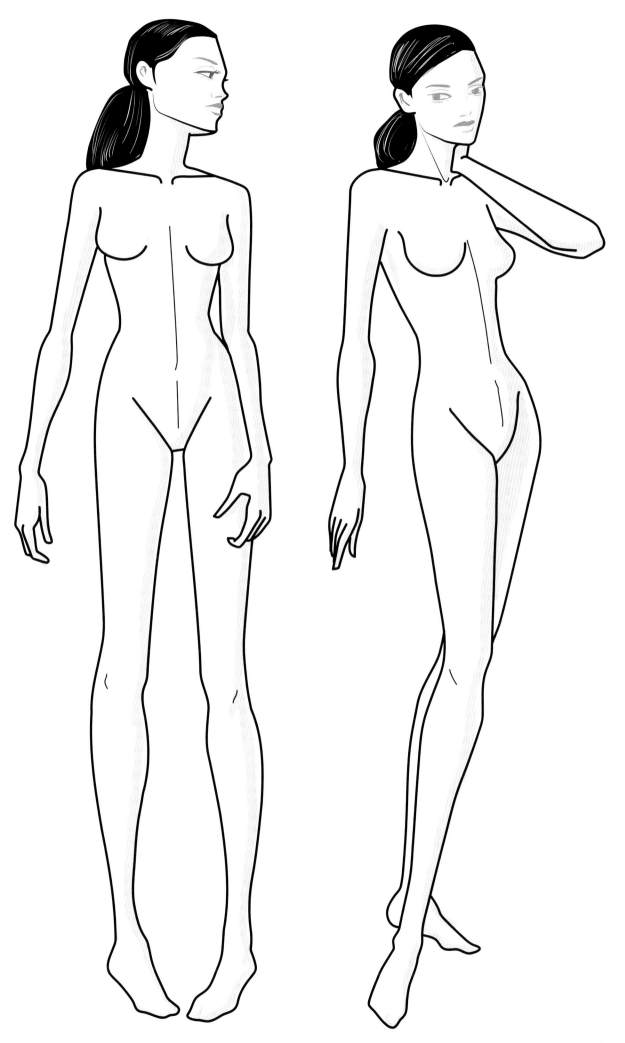

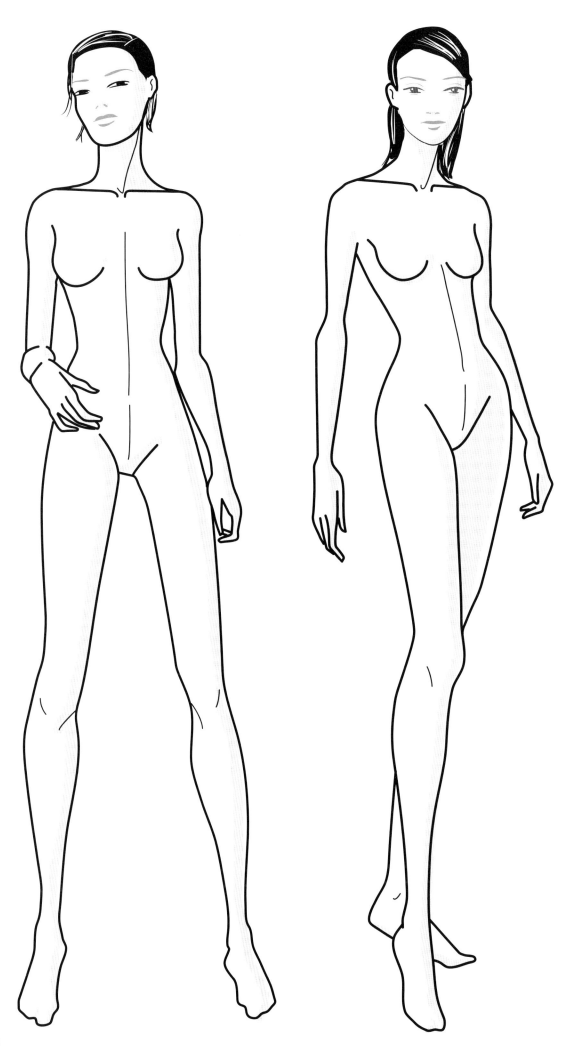

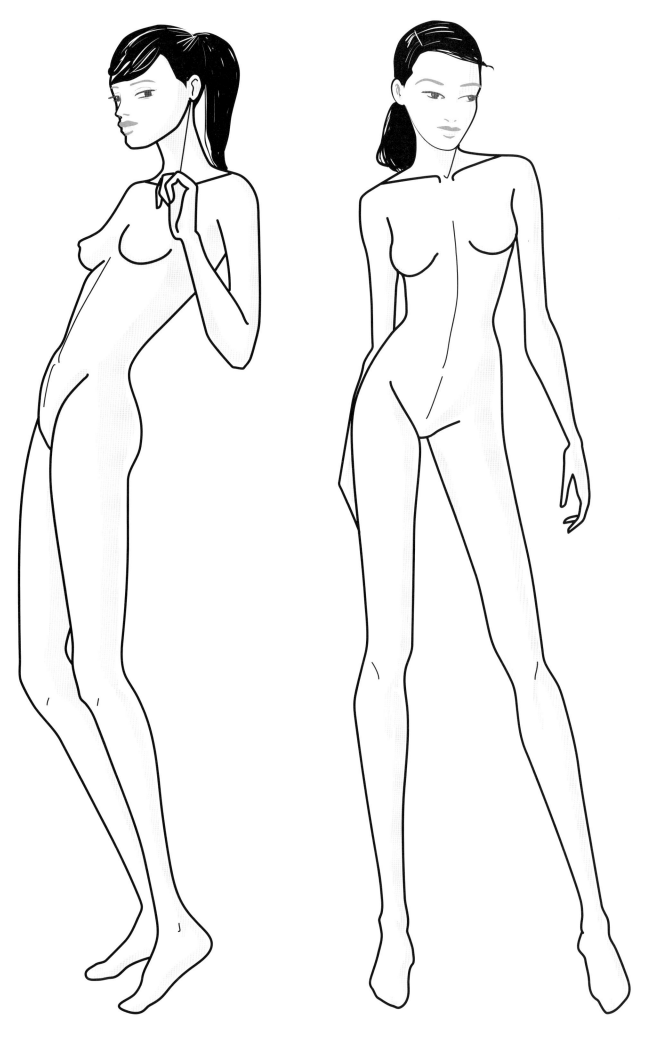

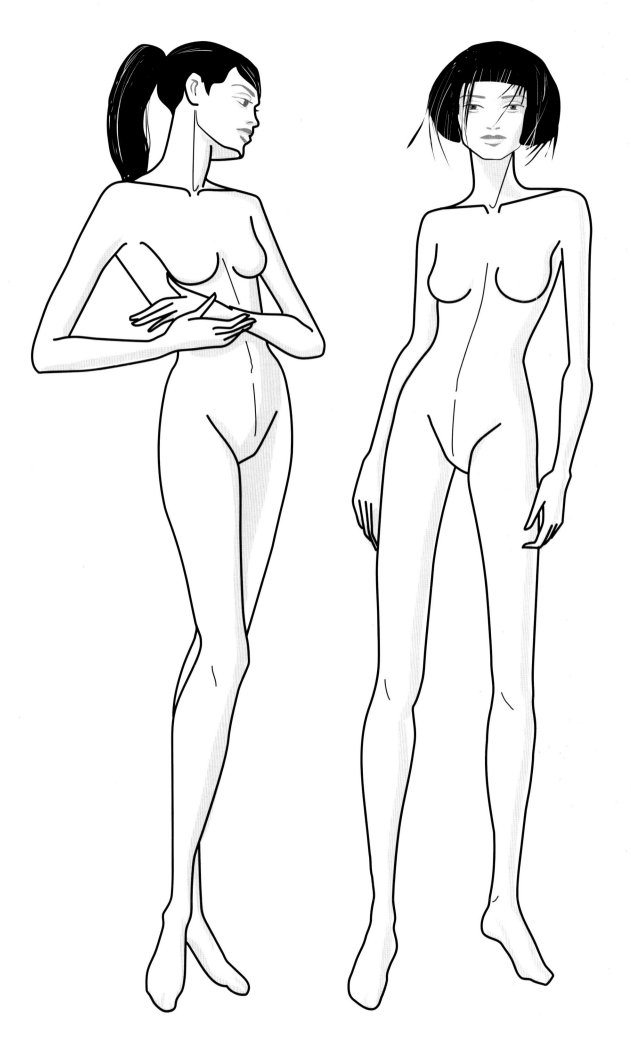

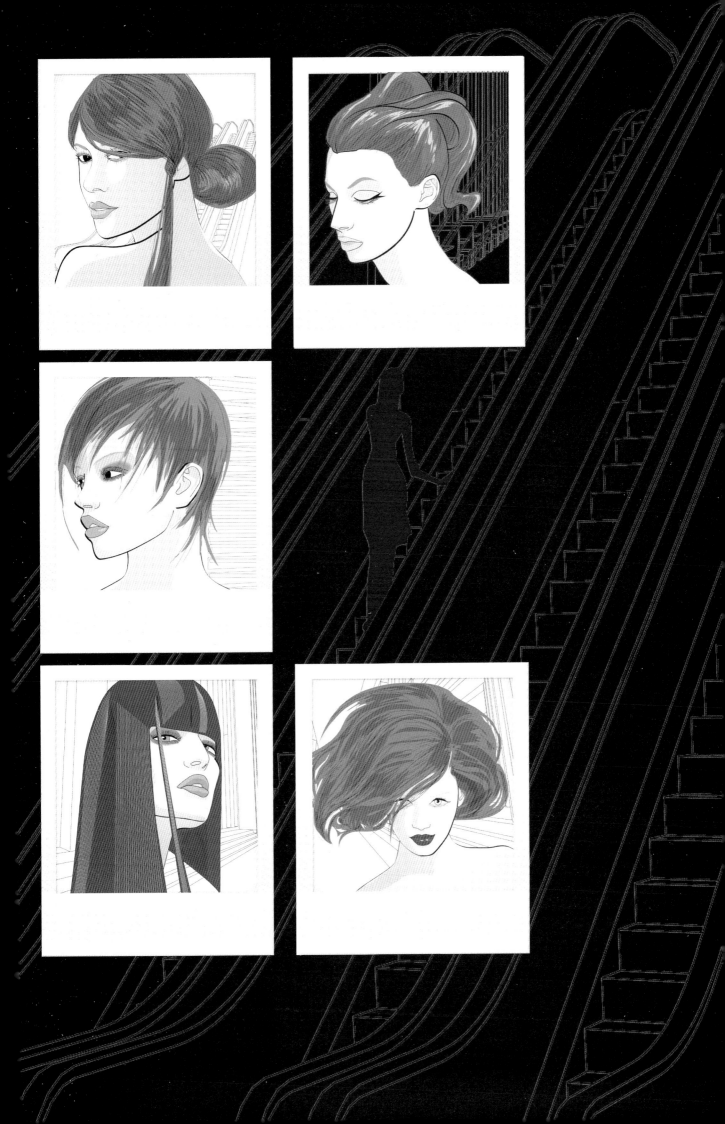

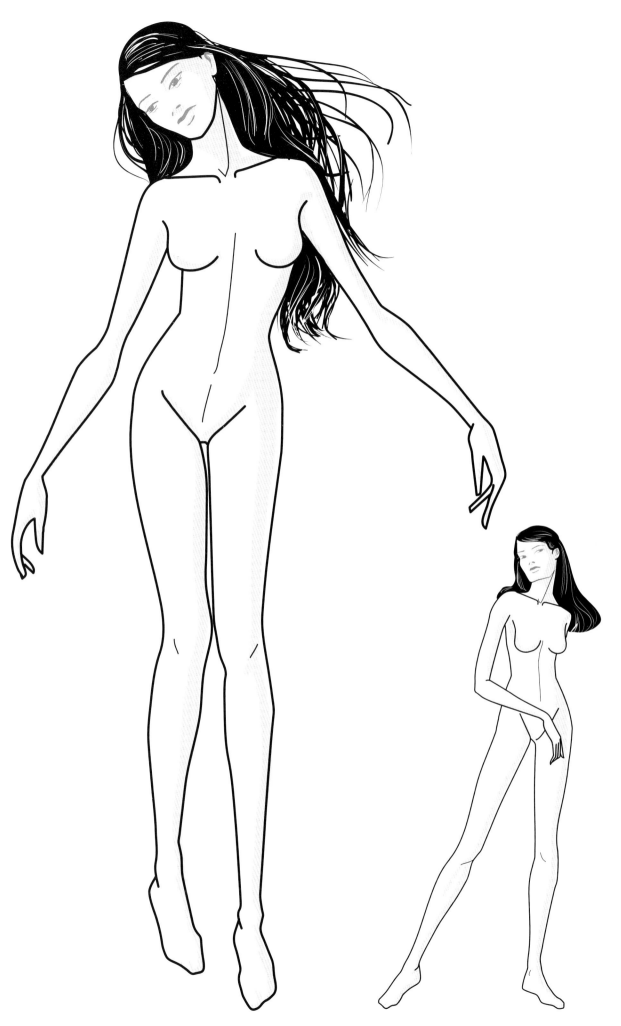

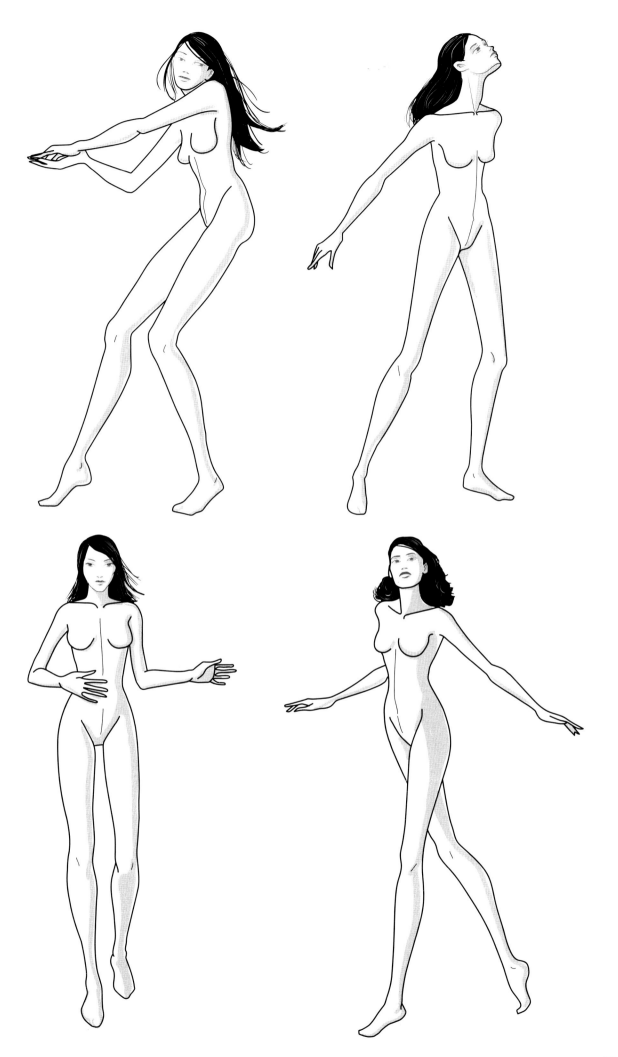

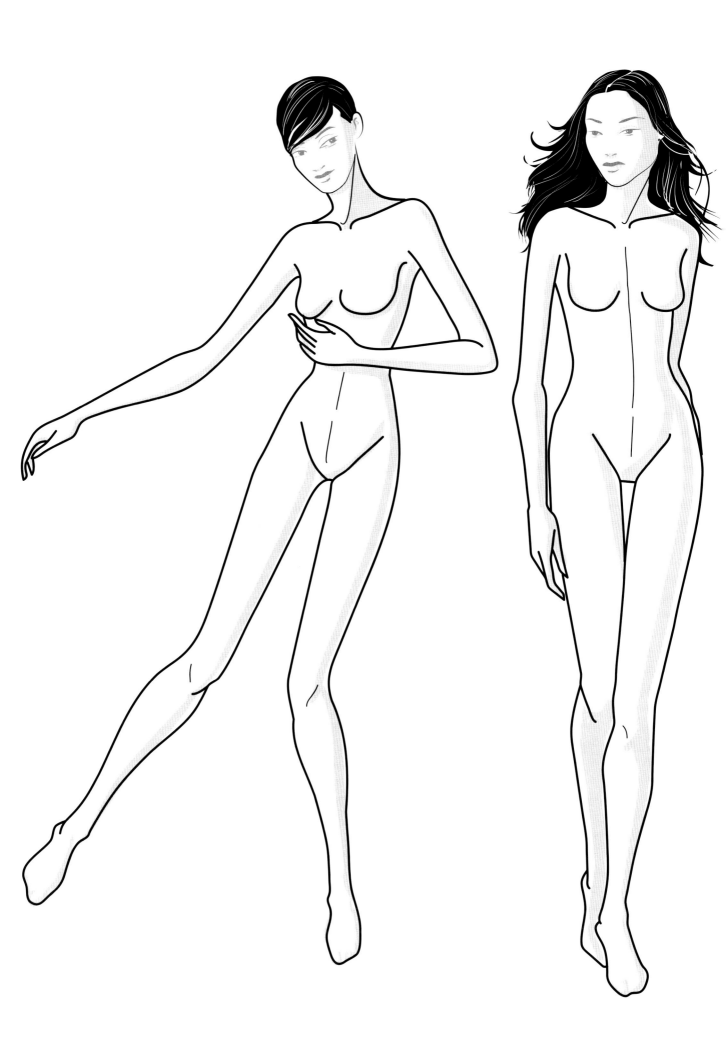

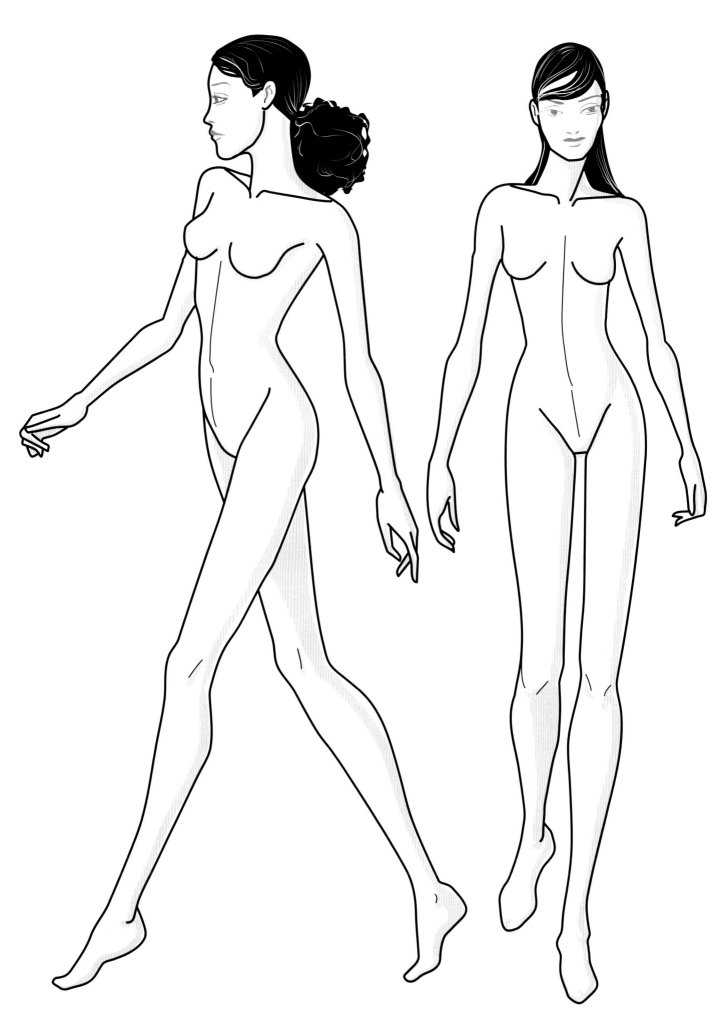

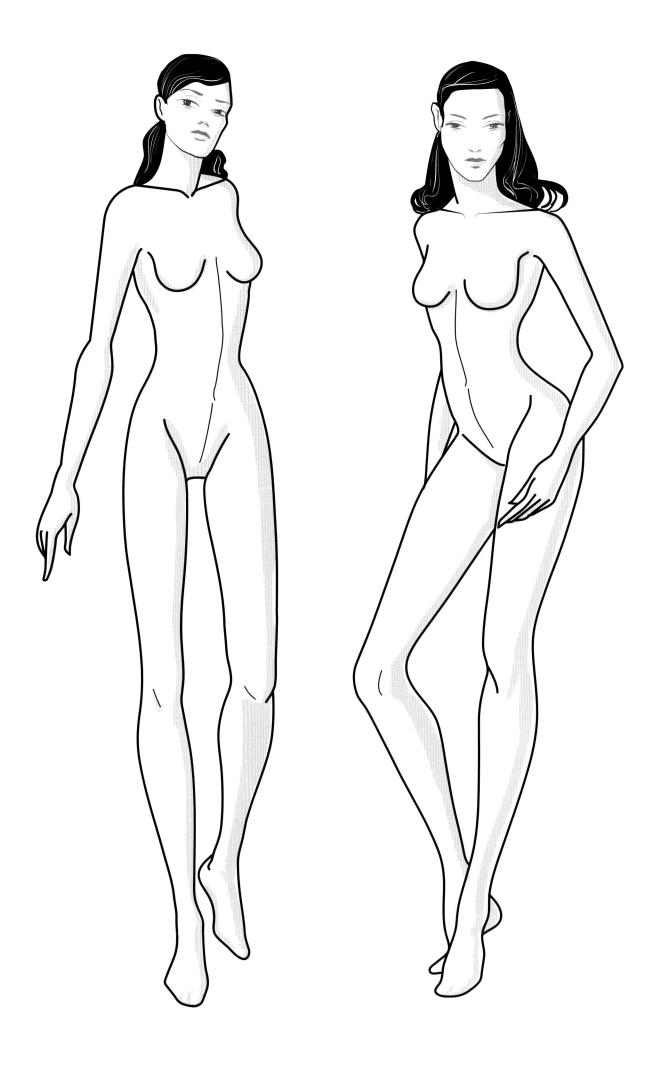

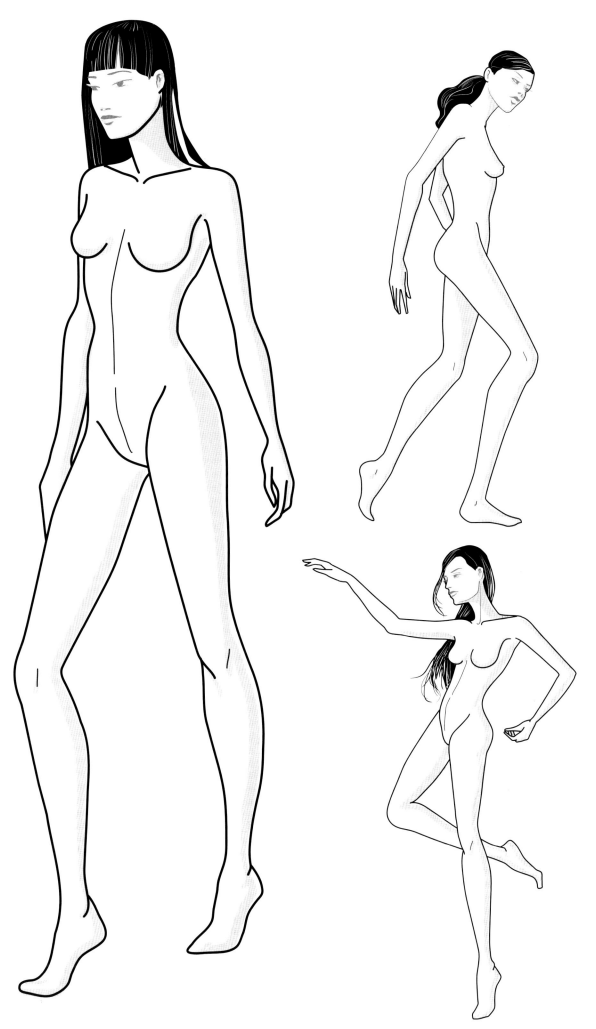

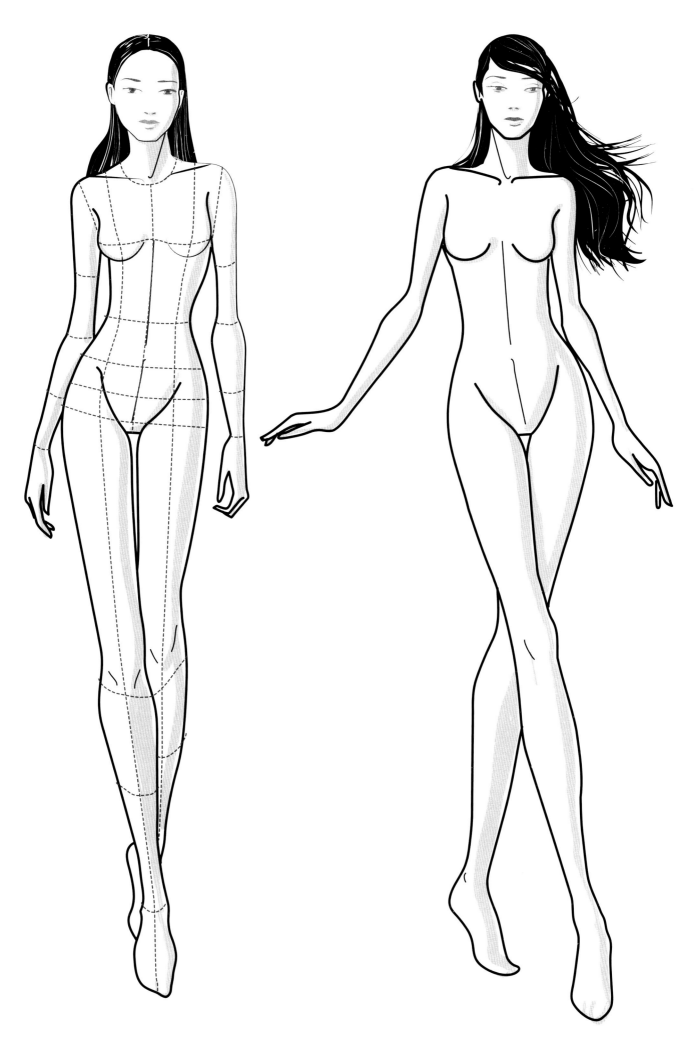

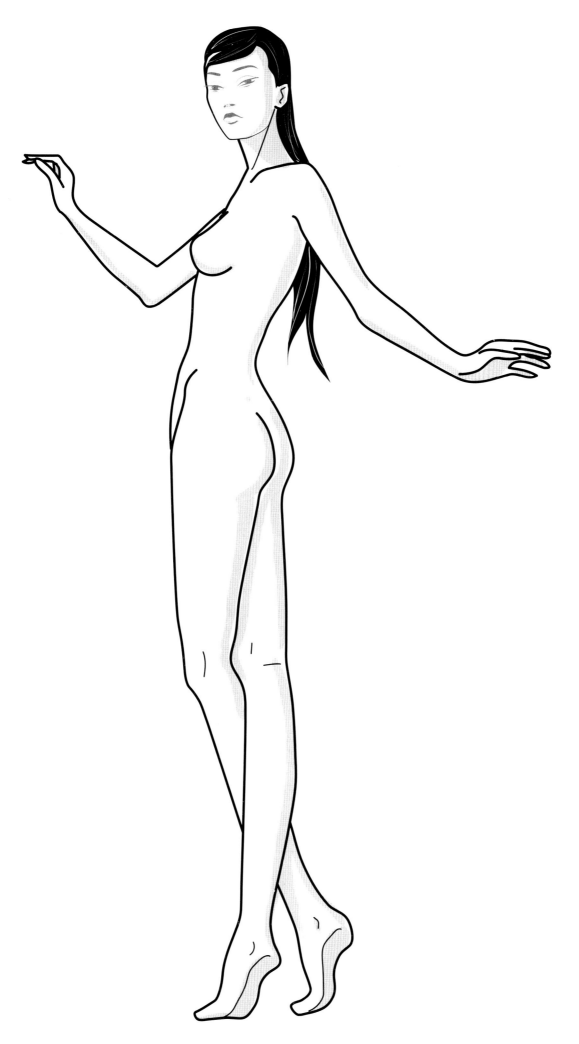

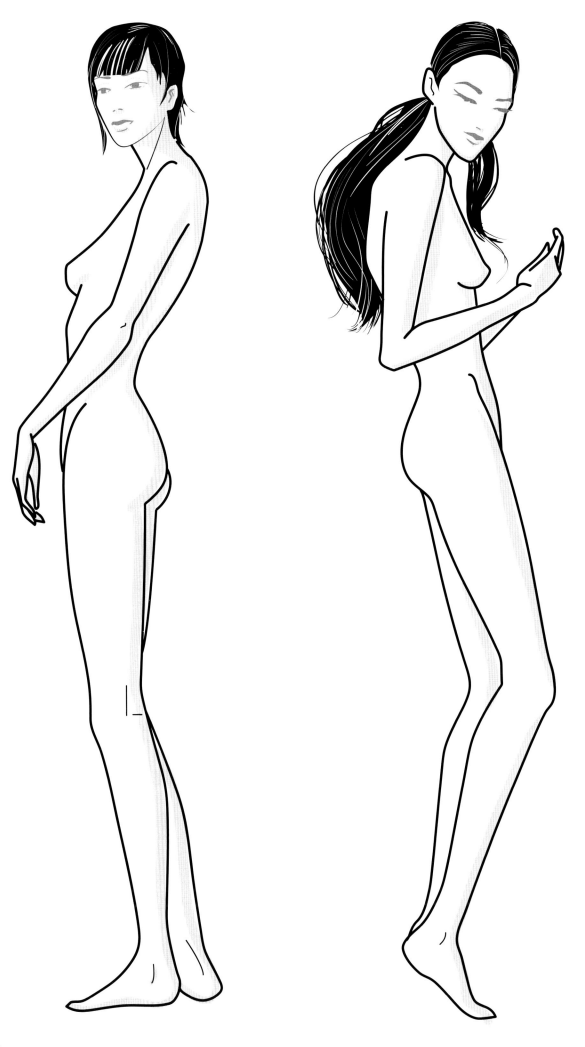

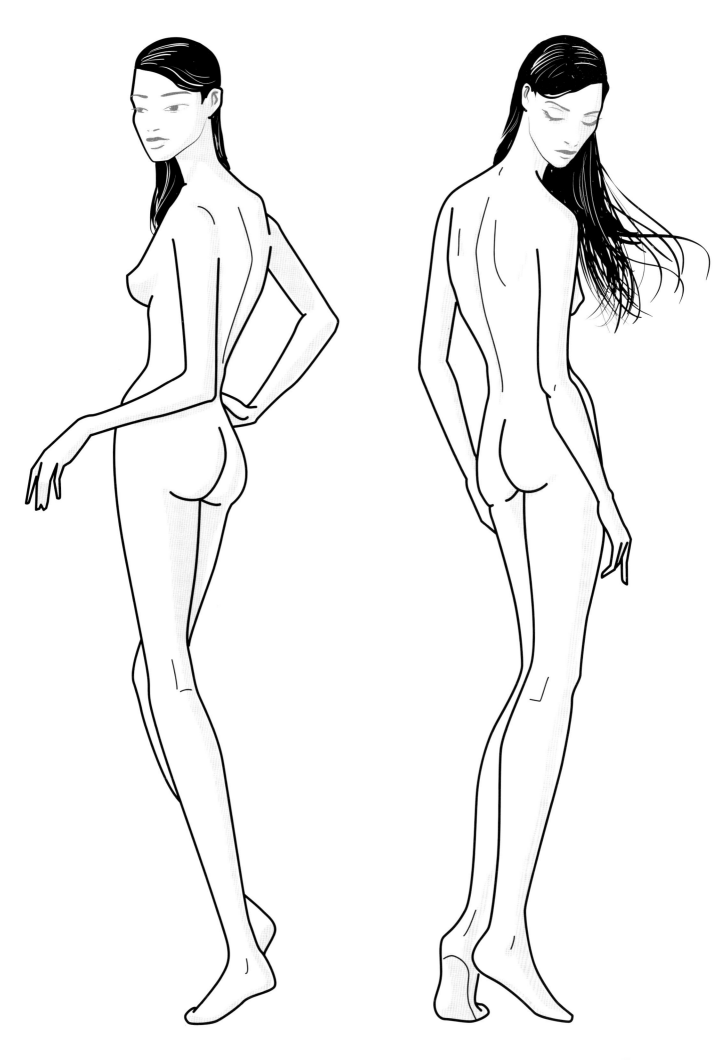

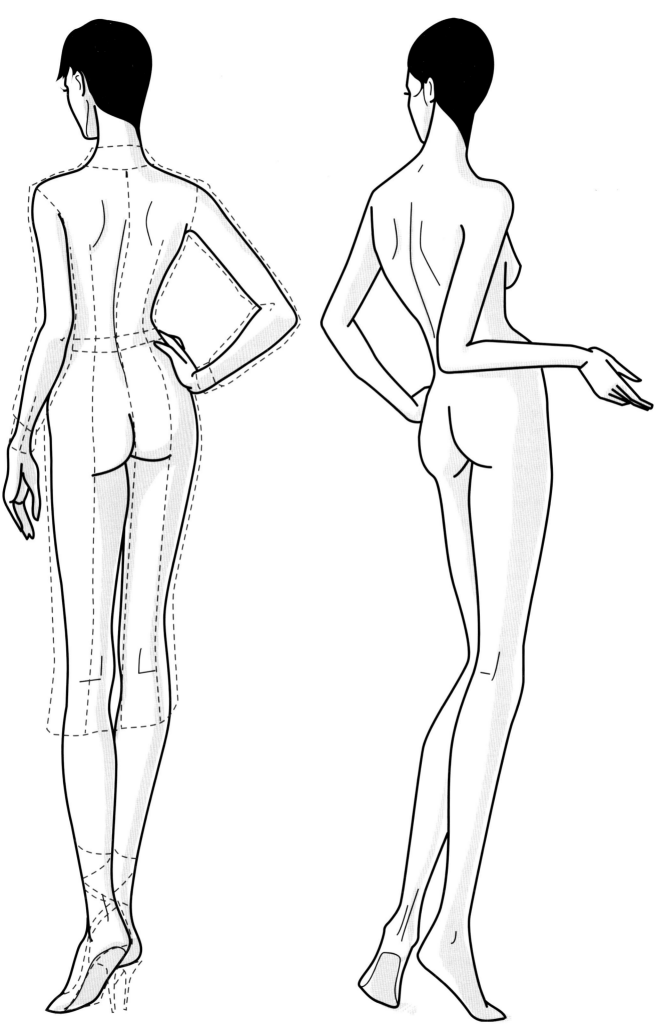

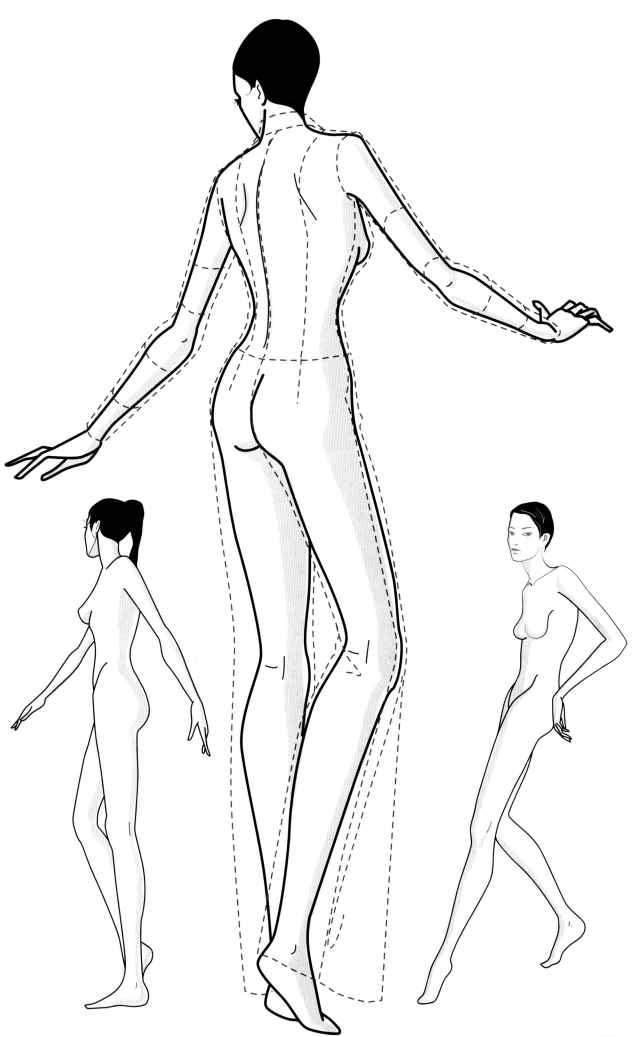

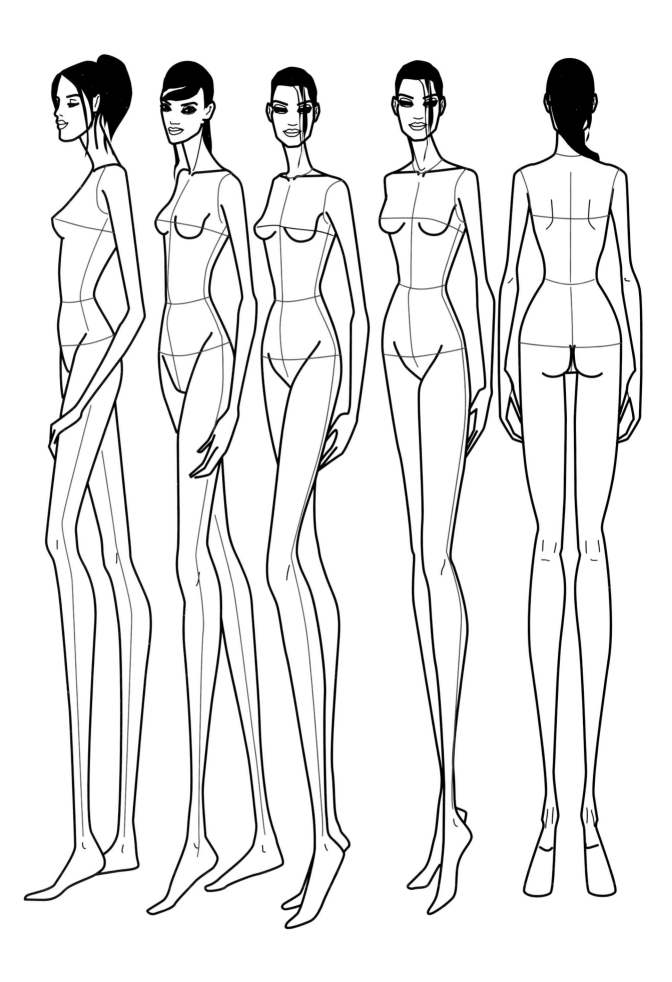

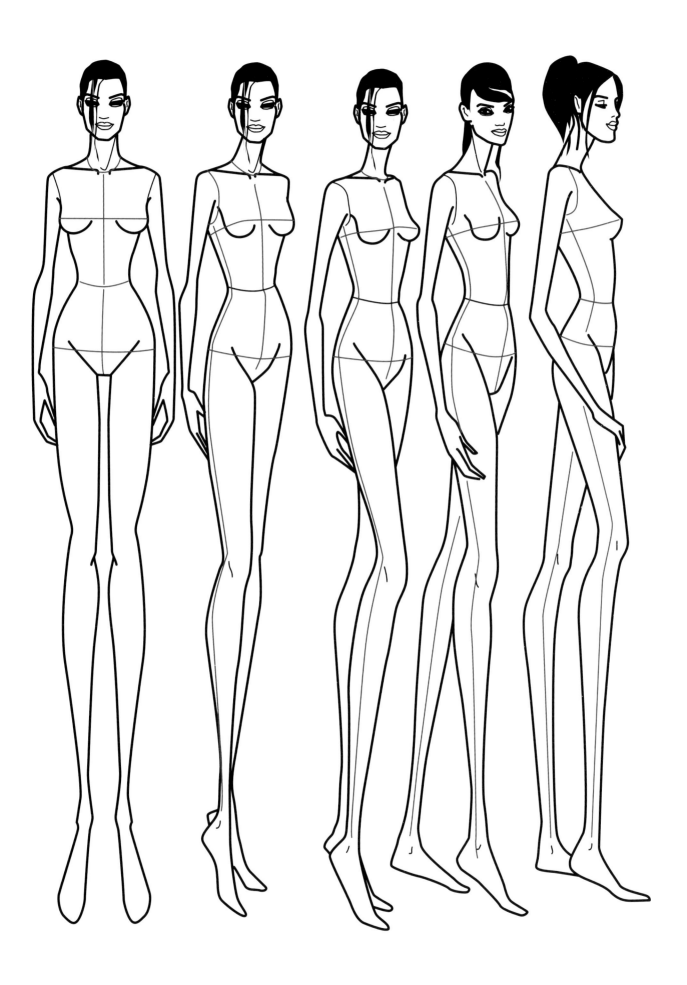

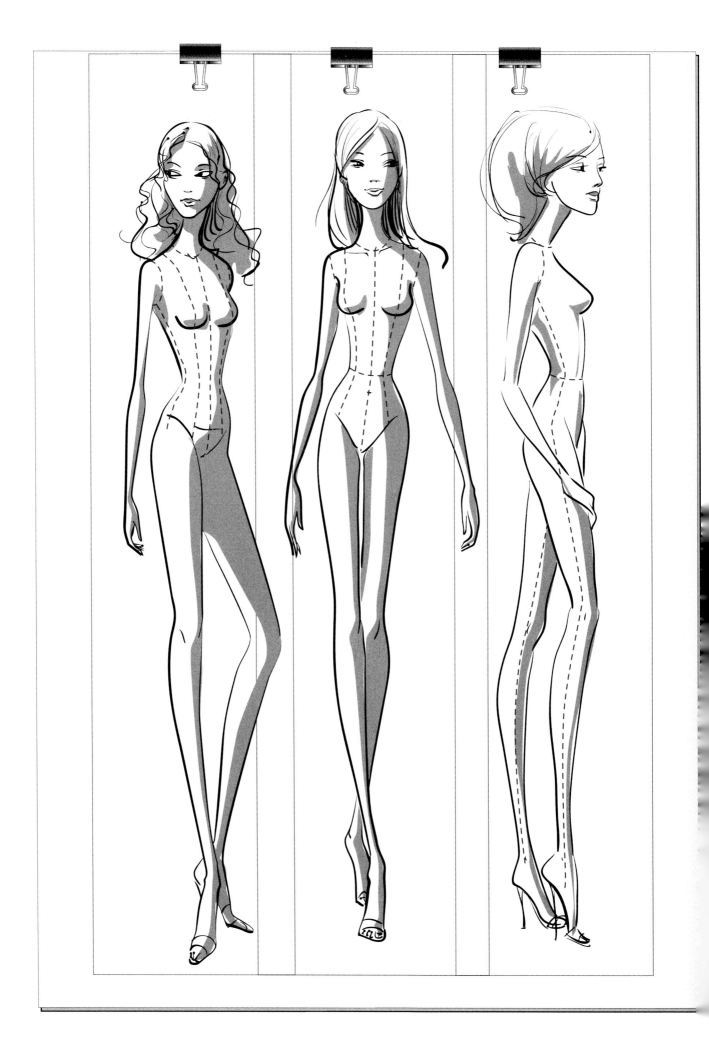

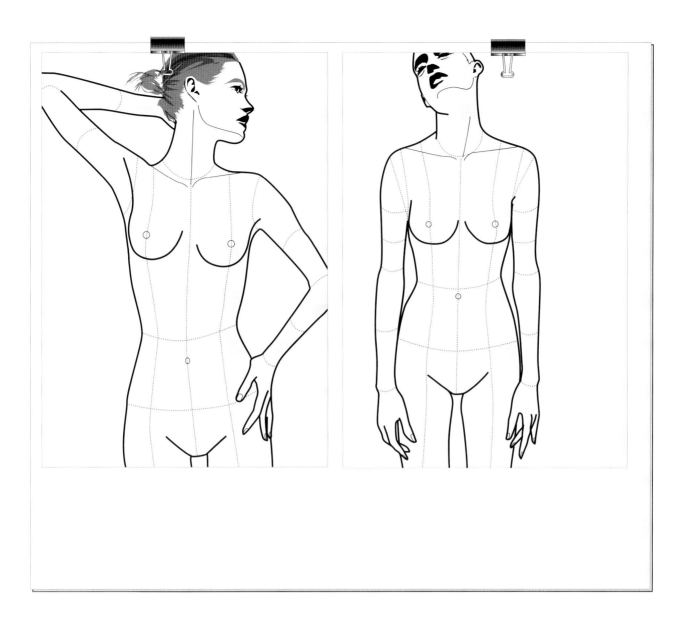

Figurines cortados

Para el diseño de ropa interior suele ser suficiente utilizar figurines parciales, es decir, que estén recortados. Además, estos figurines son adecuados si se quieren mostrar exclusivamente las blusas, pantalones o tops y no el vestuario completo.

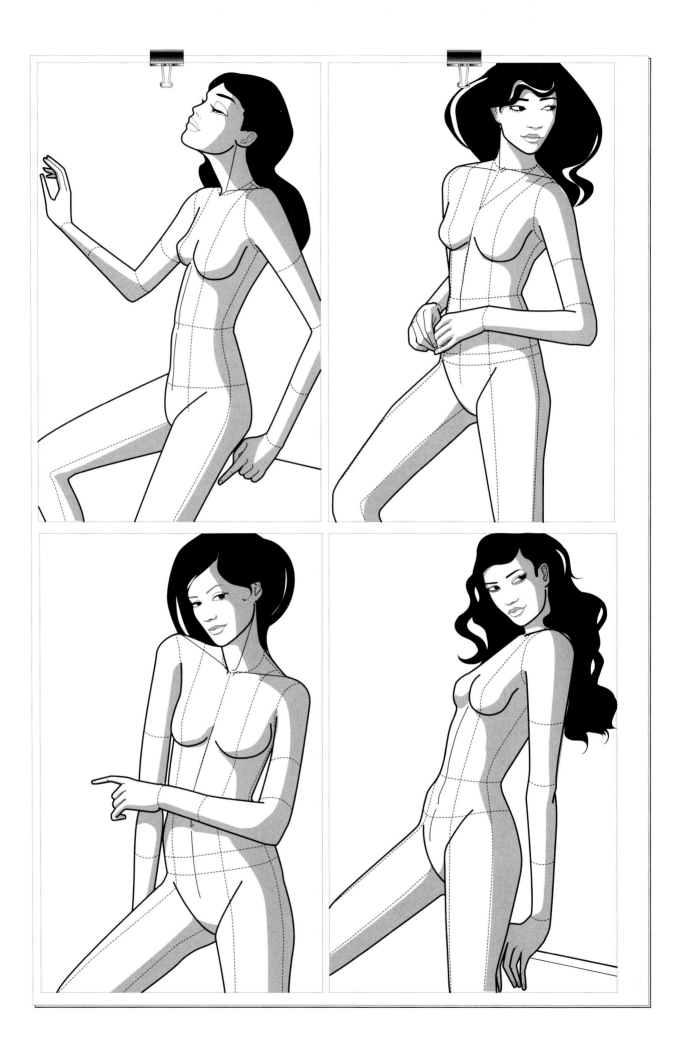

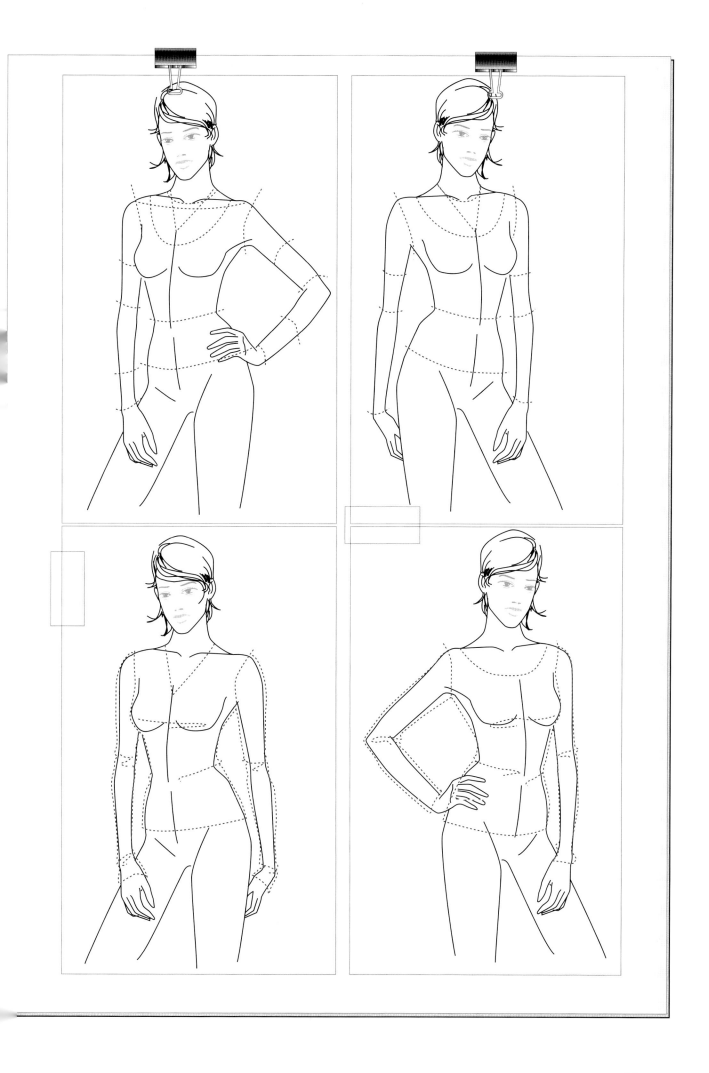

embarazadas

En los figurines de mujeres embarazadas hay que utilizar los esquemas generales de la idealización femenina. La redondez del abdomen de una mujer embarazada es un desafío a la hora del diseño, pues la cintura queda cubierta por el vientre.

En la vista frontal del figurín, la curvatura del vientre no se muestra suficientemente por el efecto de la perspectiva. Por ello, es más útil utilizar una postura ligeramente girada para la presentación de la prenda, puesto que, de esta forma, se destaca la curva del vientre. Así queda mucho más claro que se trata de moda para mujeres embarazadas.

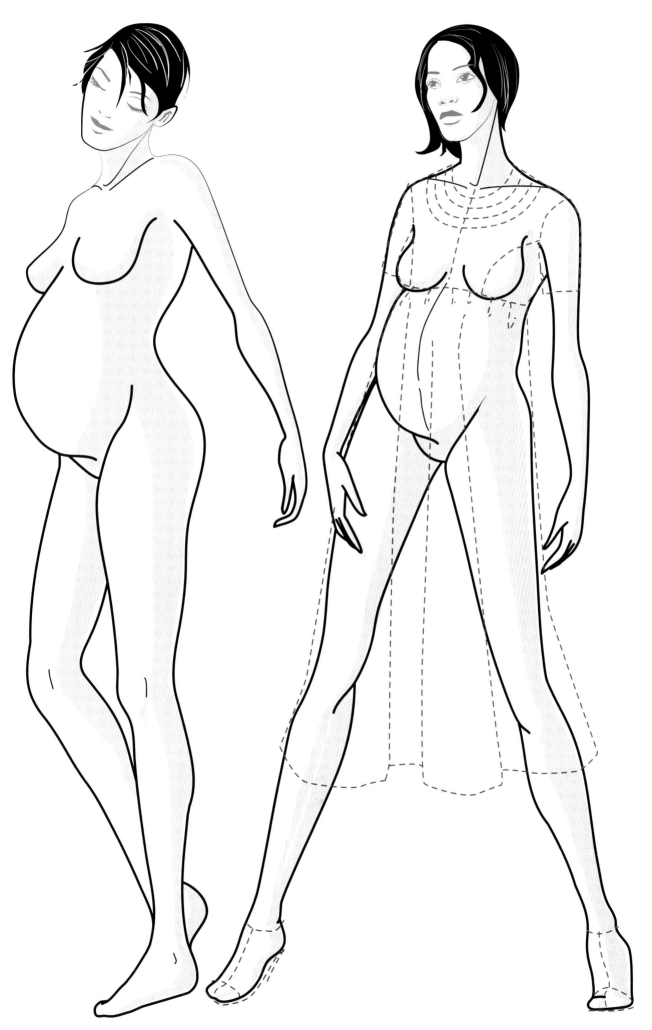

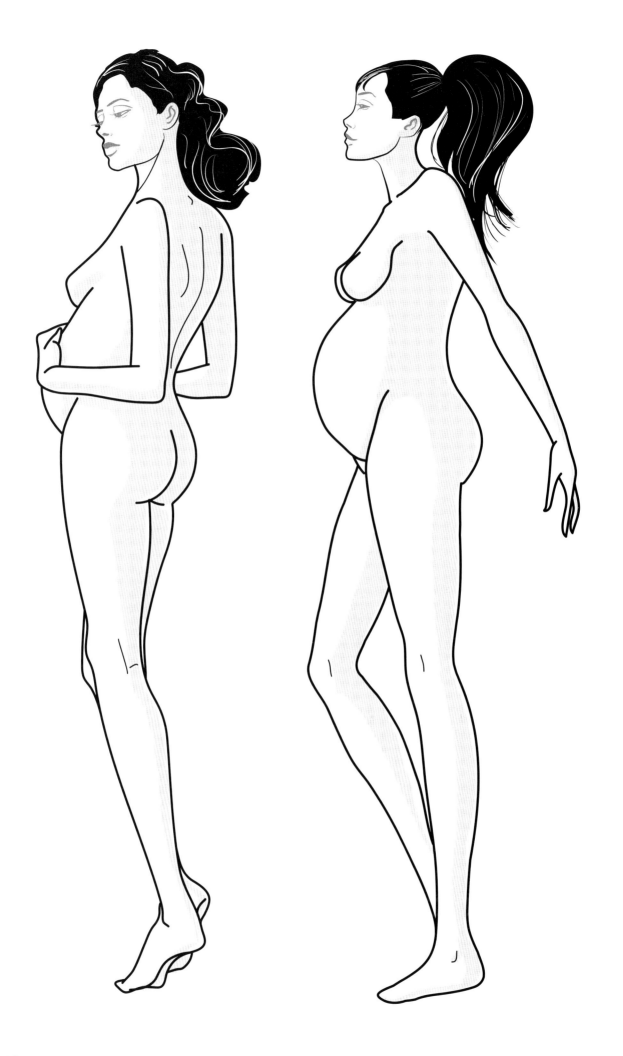

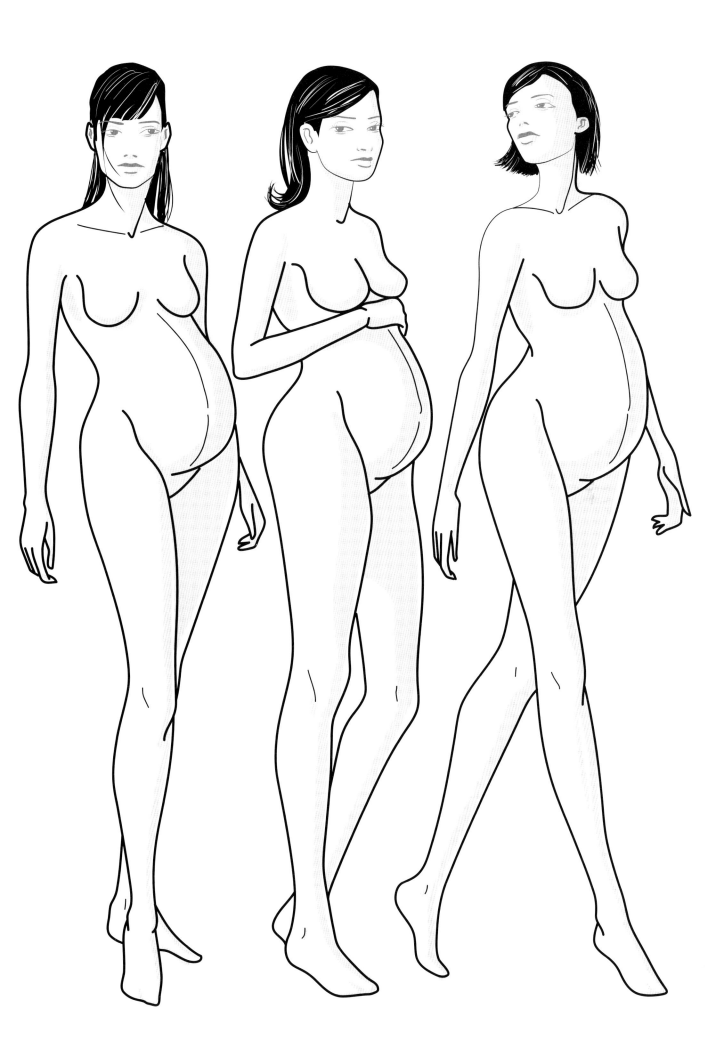

mujeres de talla extragrande (XL)

La aplicación del concepto del ideal de belleza para mujeres con curvas más acentuadas debe ir acompañada igualmente de unas piernas más alargadas y una cintura marcada, de modo que en los dibujos queden plasmados modelos con un aspecto muy femenino. El objetivo aspira a presentar a la mujer de talla grande de una forma estética y muy atractiva, femenina, sexy y no por ello menos deportiva que las mujeres delgadas.

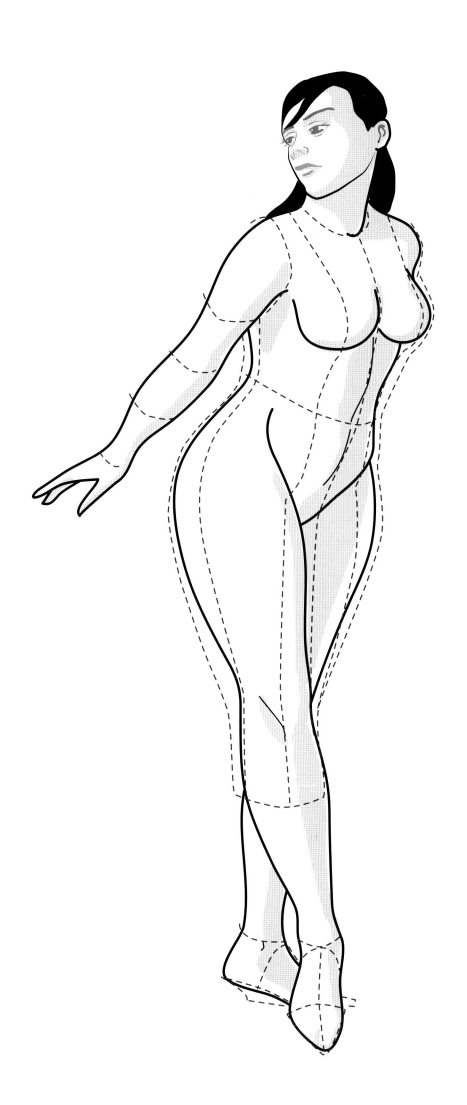

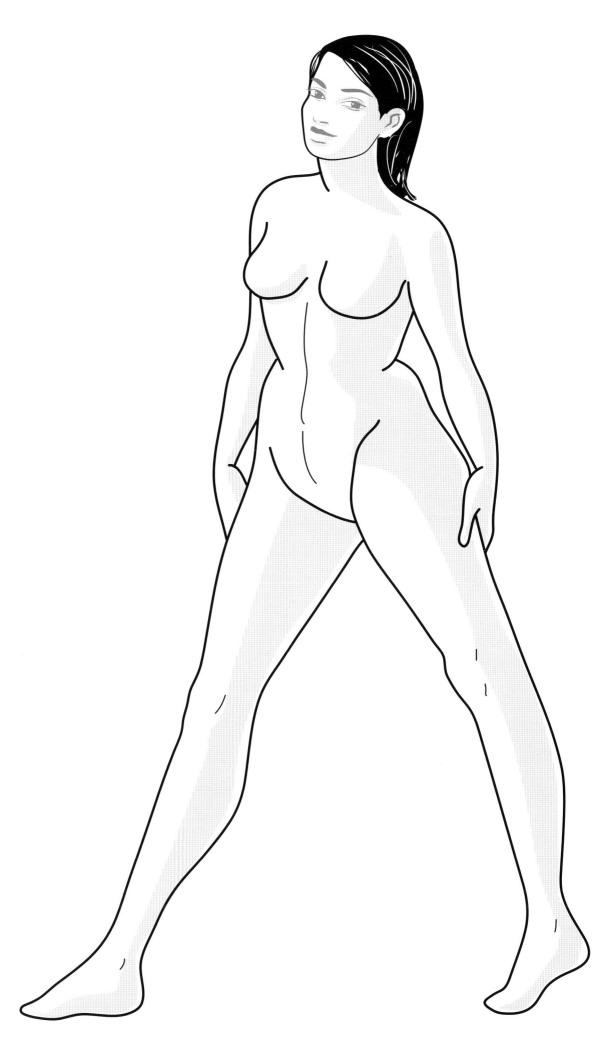

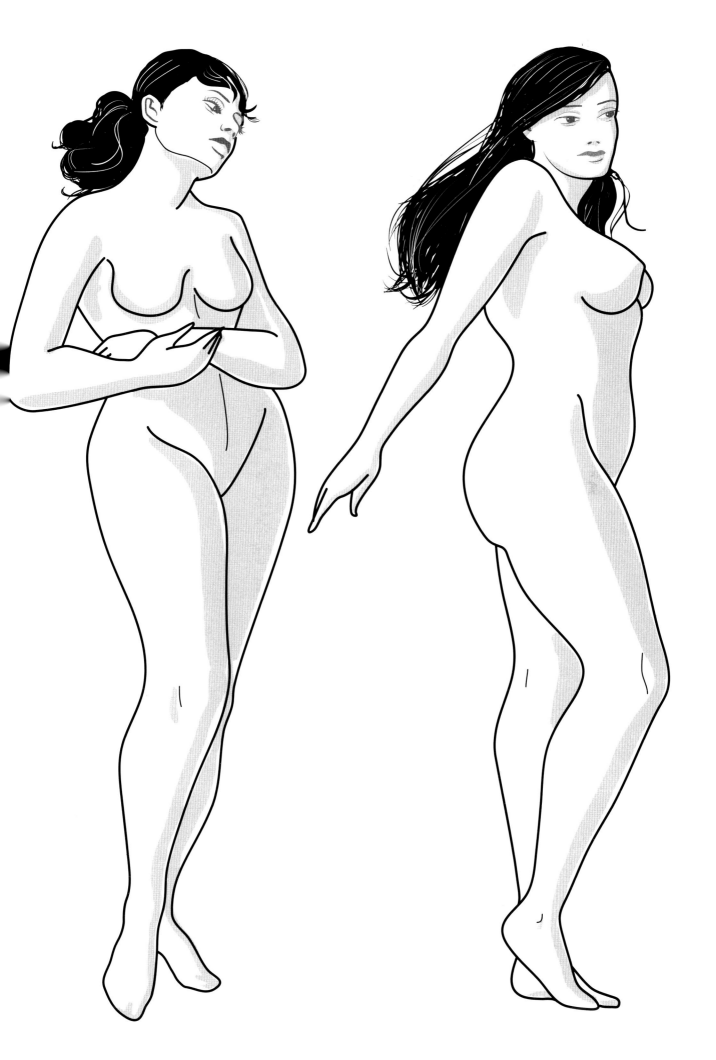

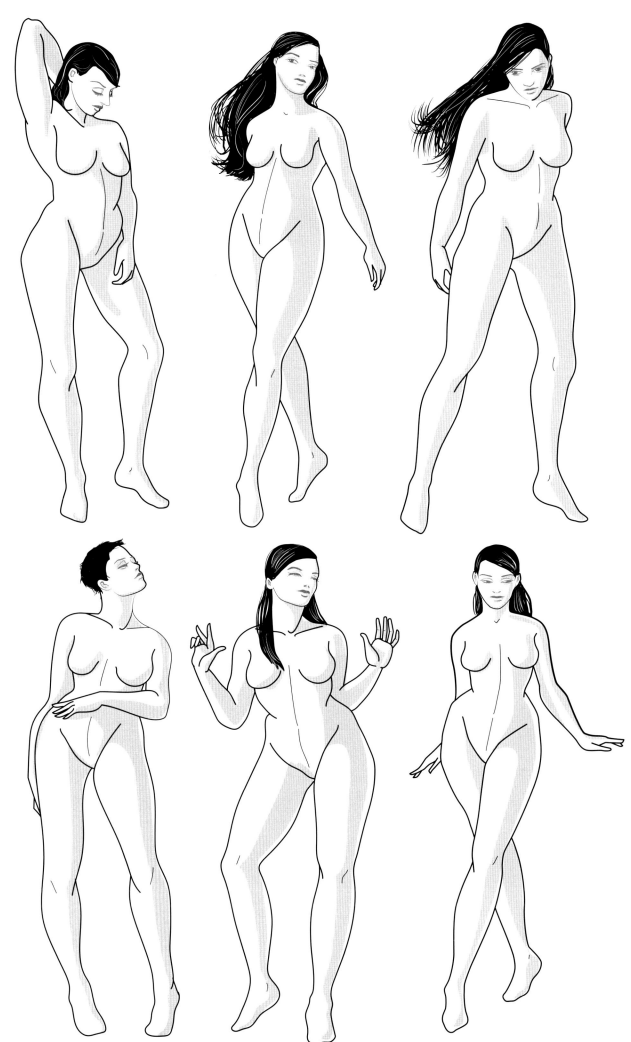

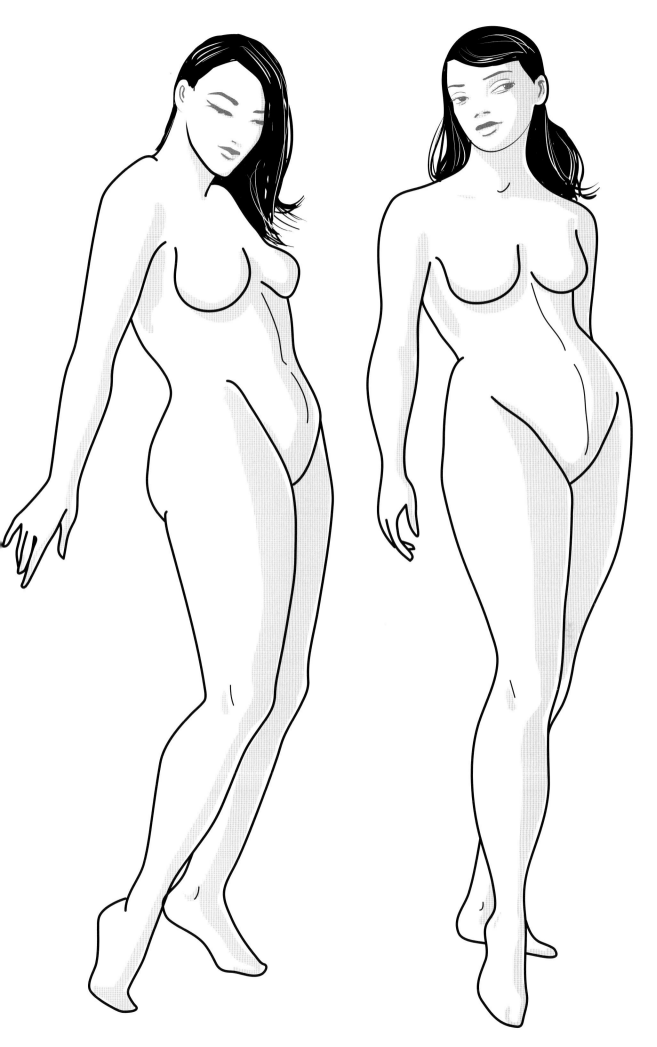

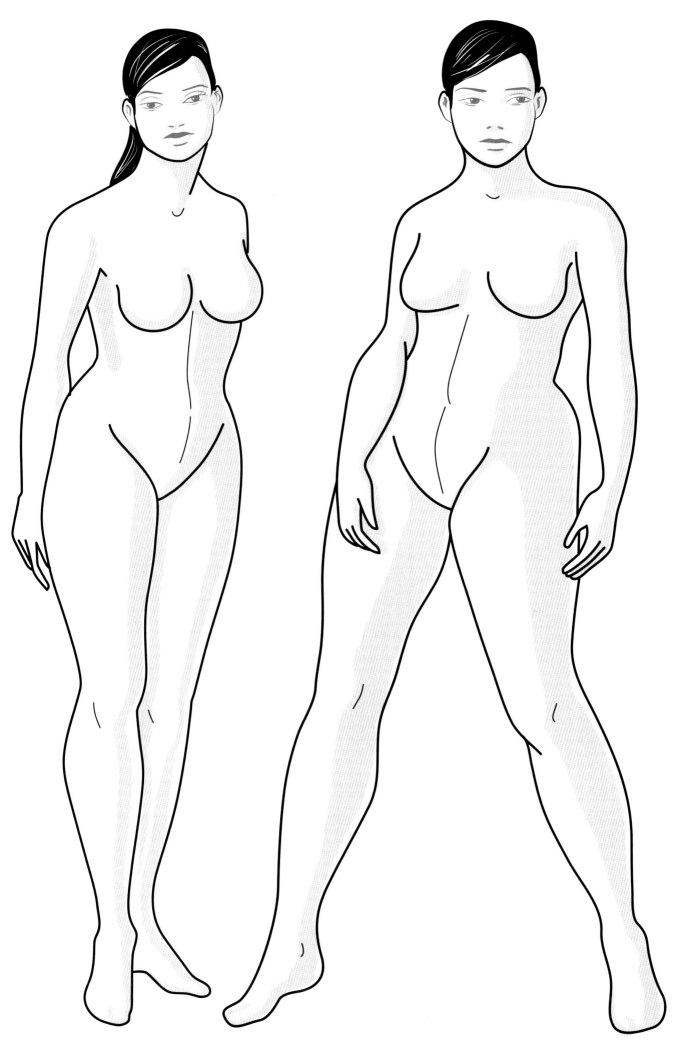

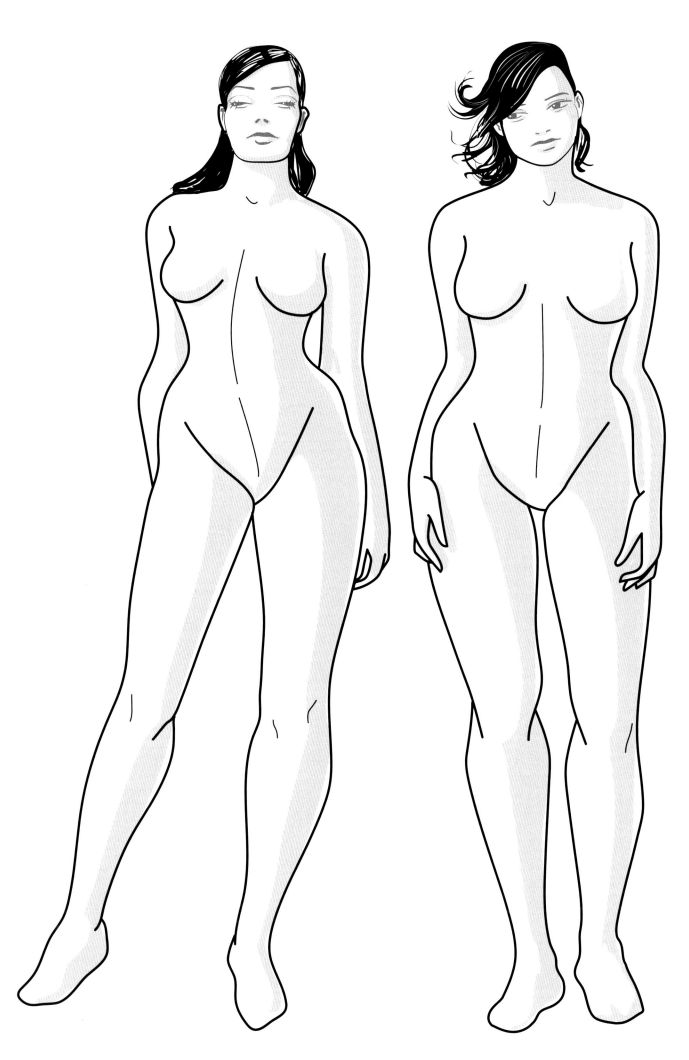

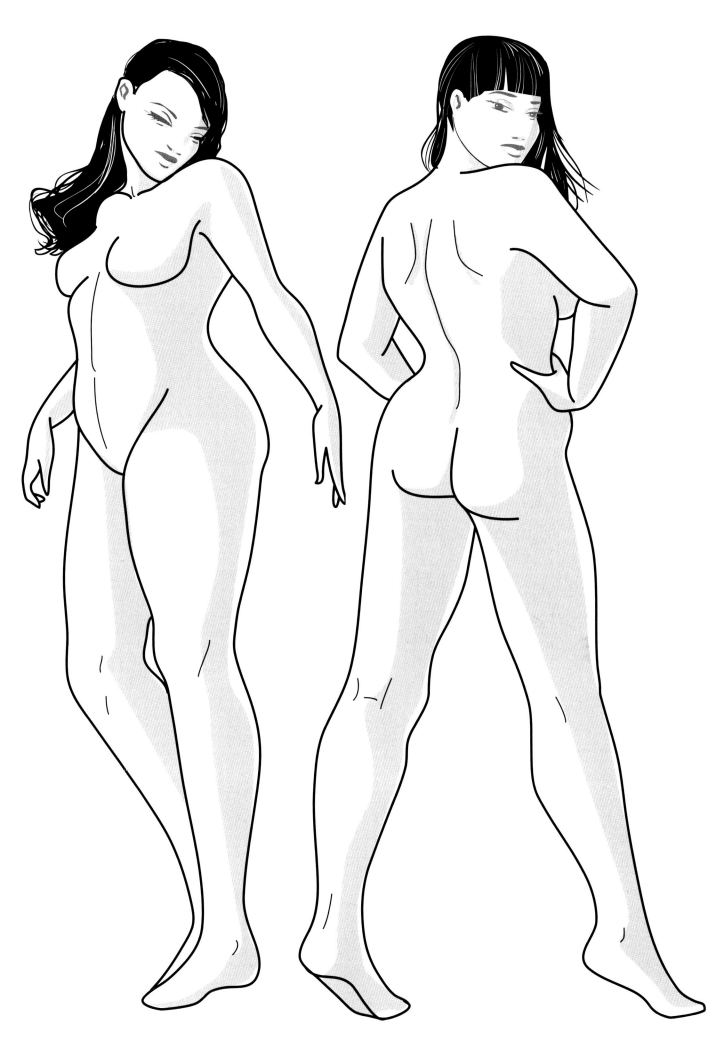

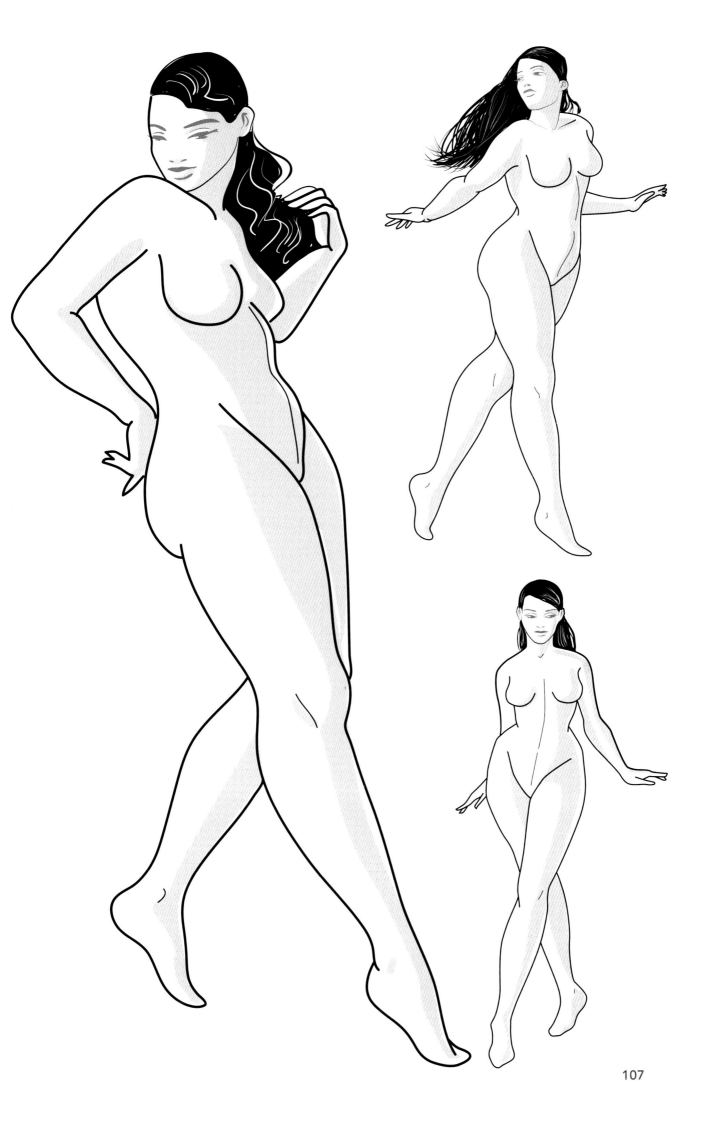

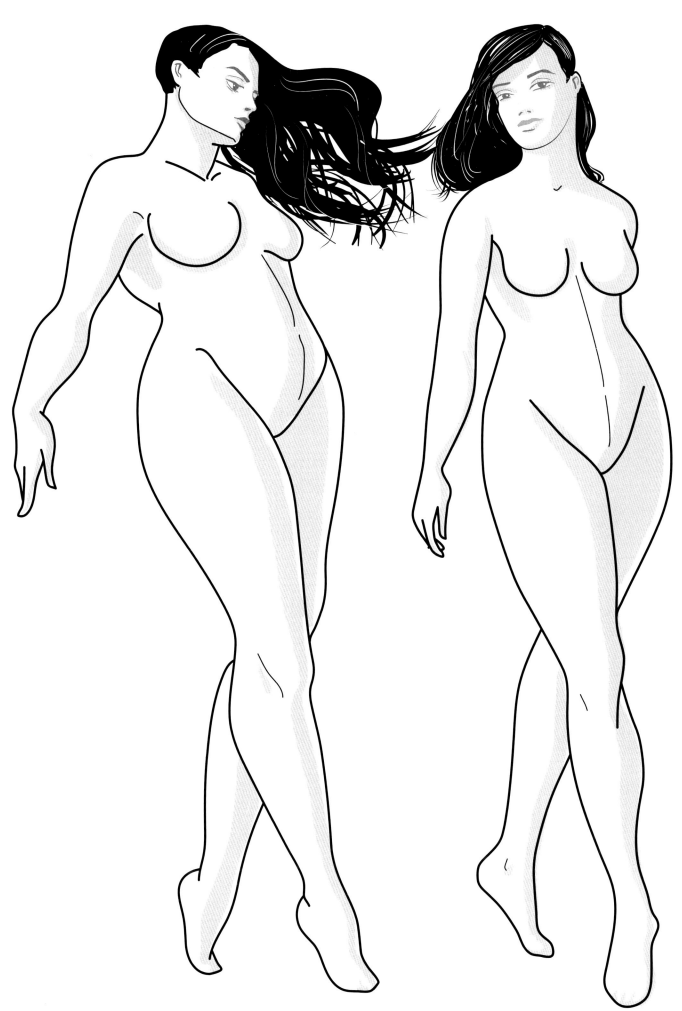

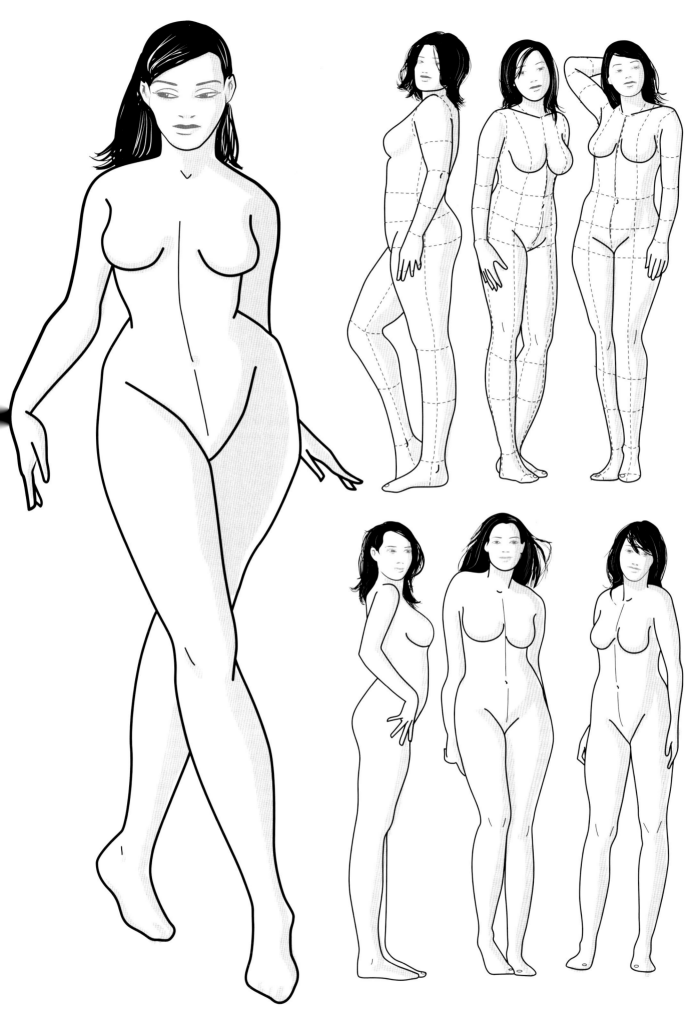

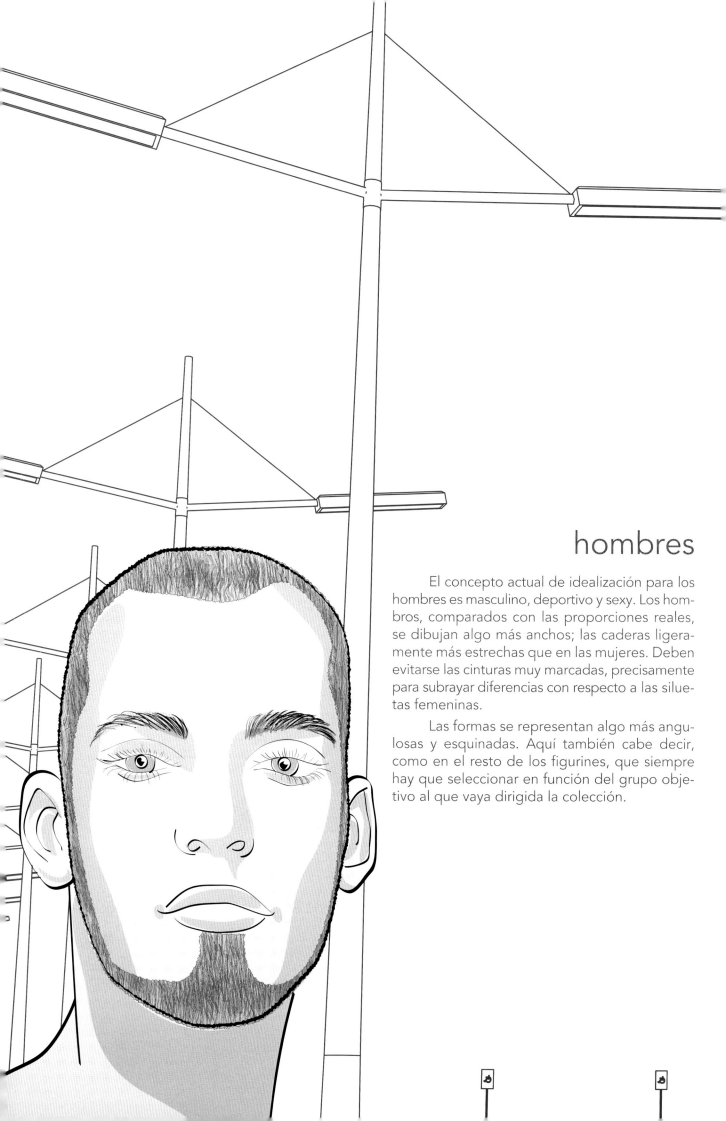

hombres

El concepto actual de idealización para los hombres es masculino, deportivo y sexy. Los hombros, comparados con las proporciones reales, se dibujan algo más anchos; las caderas ligeramente más estrechas que en las mujeres. Deben evitarse las cinturas muy marcadas, precisamente para subrayar diferencias con respecto a las siluetas femeninas.

Las formas se representan algo más angulosas y esquinadas. Aquí también cabe decir, como en el resto de los figurines, que siempre hay que seleccionar en función del grupo objetivo al que vaya dirigida la colección.

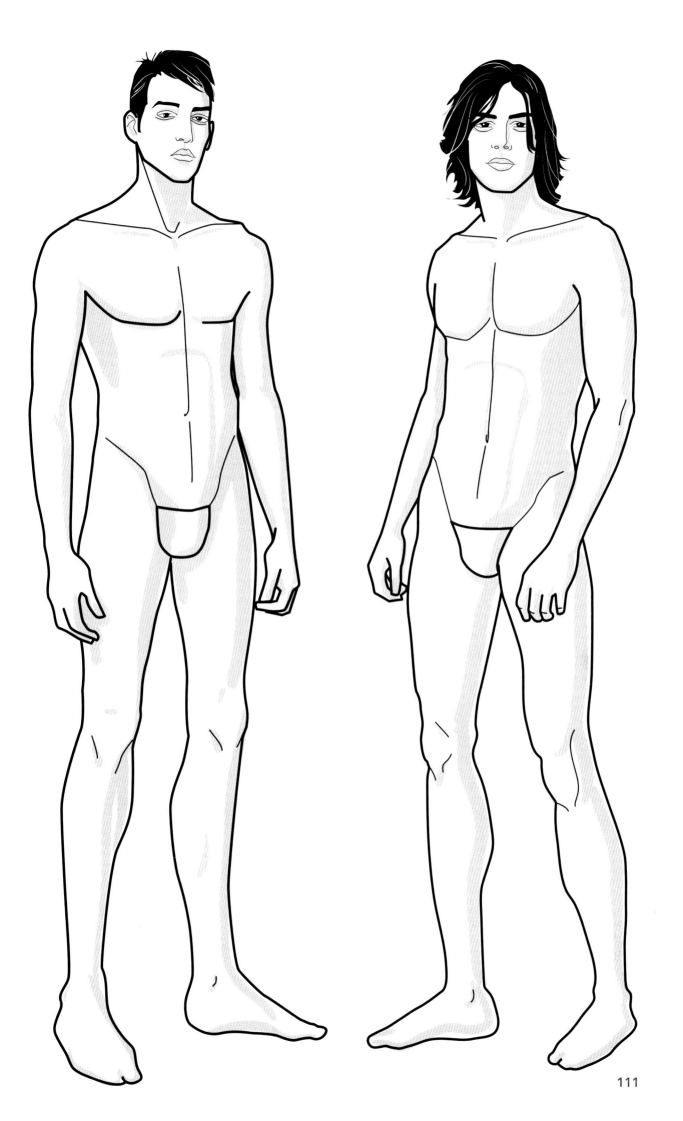

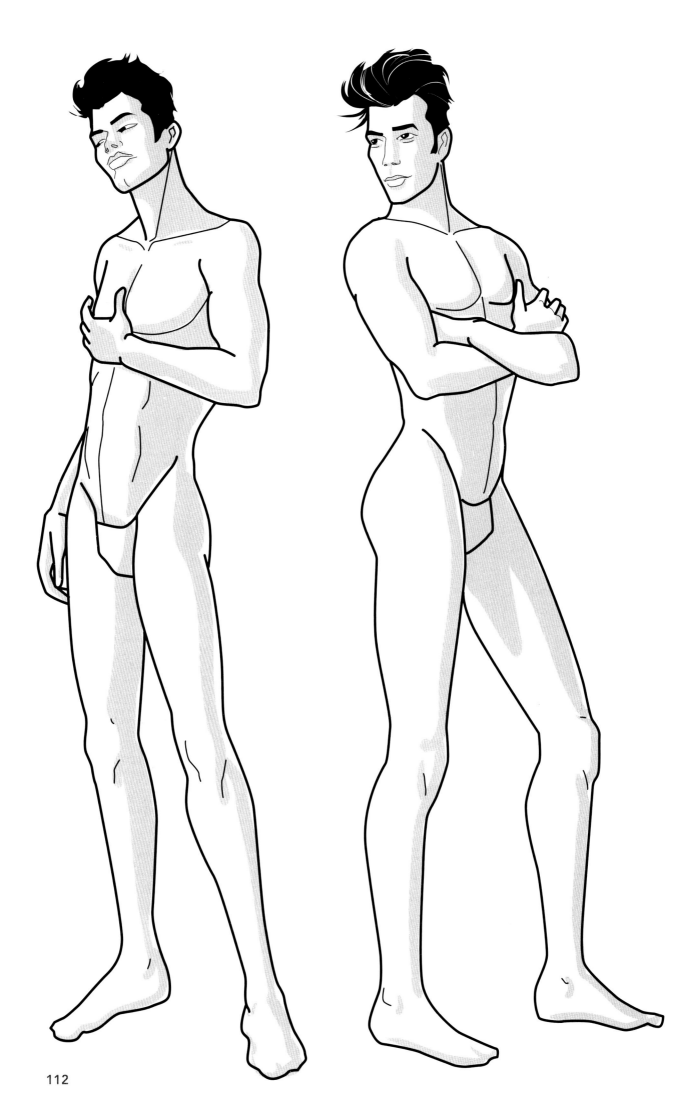

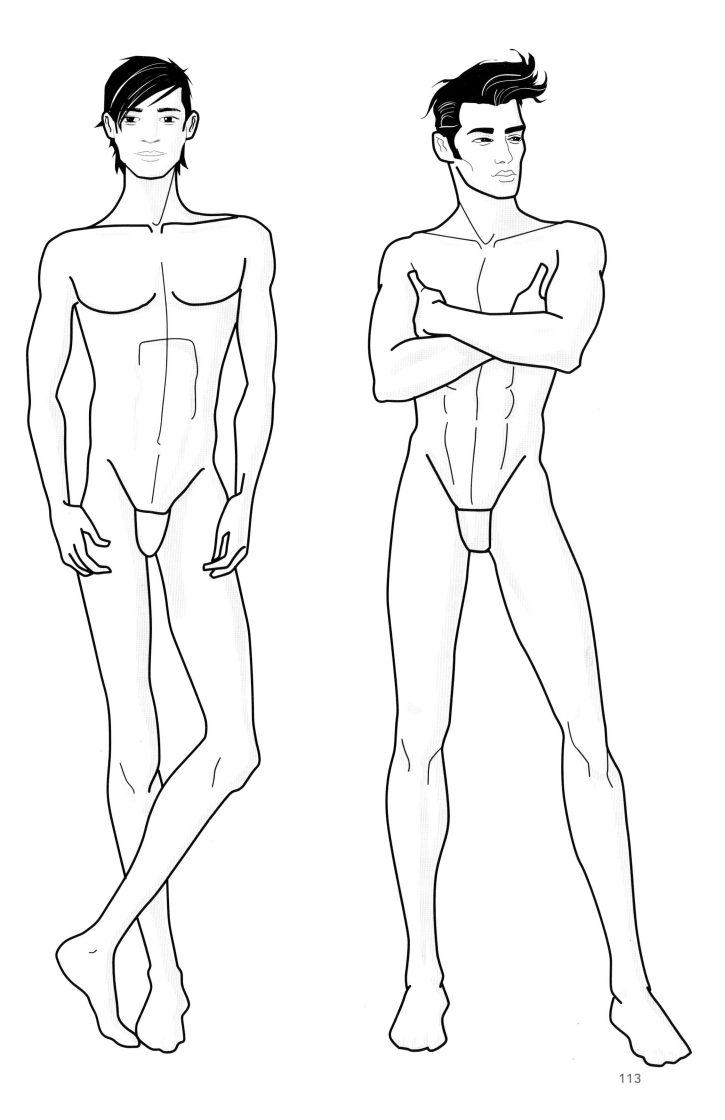

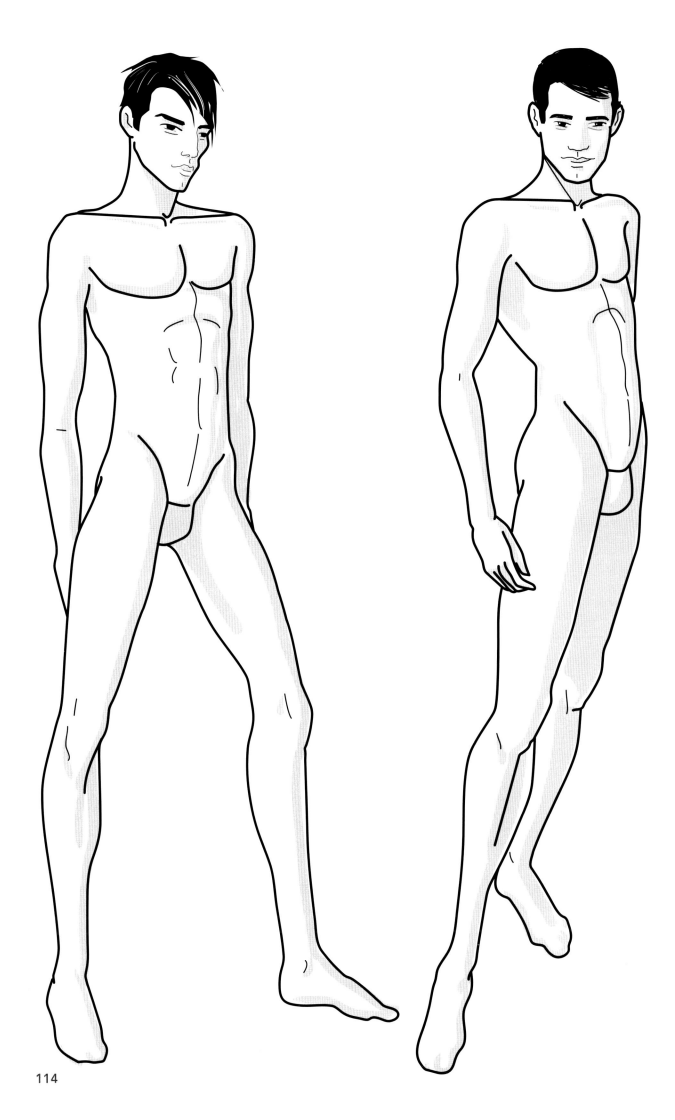

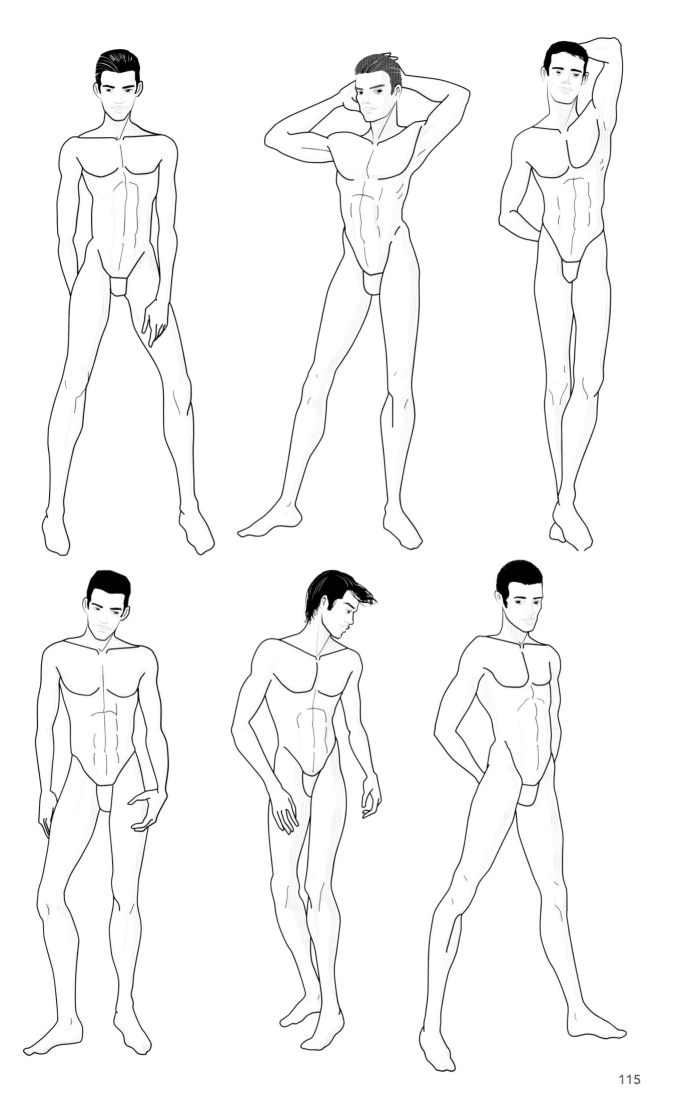

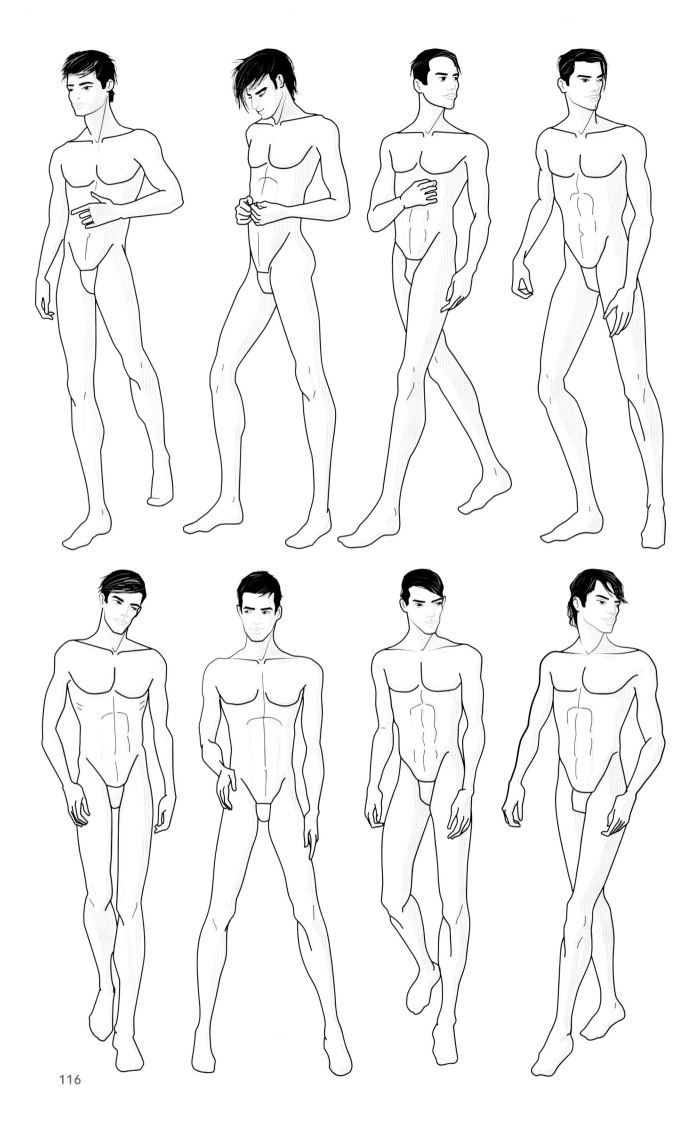

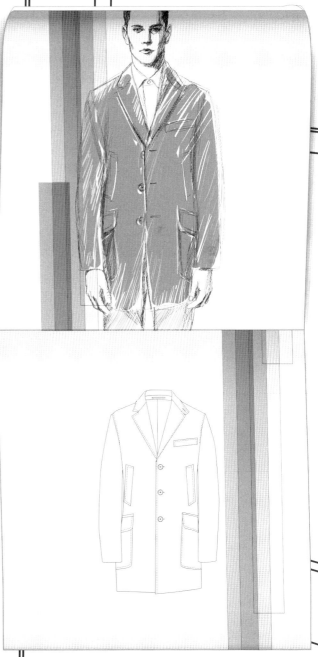

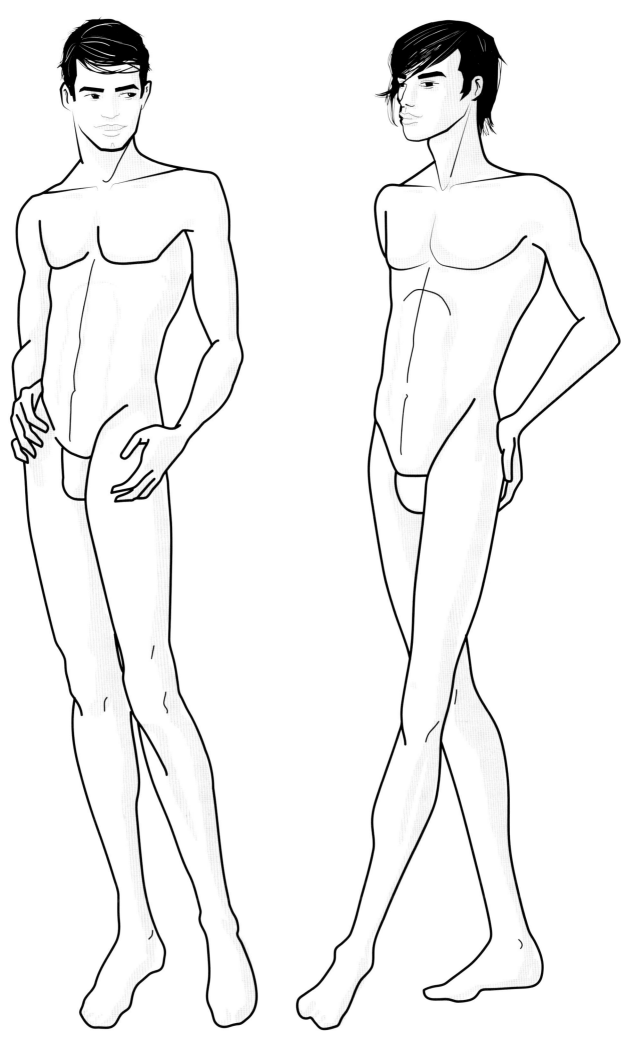

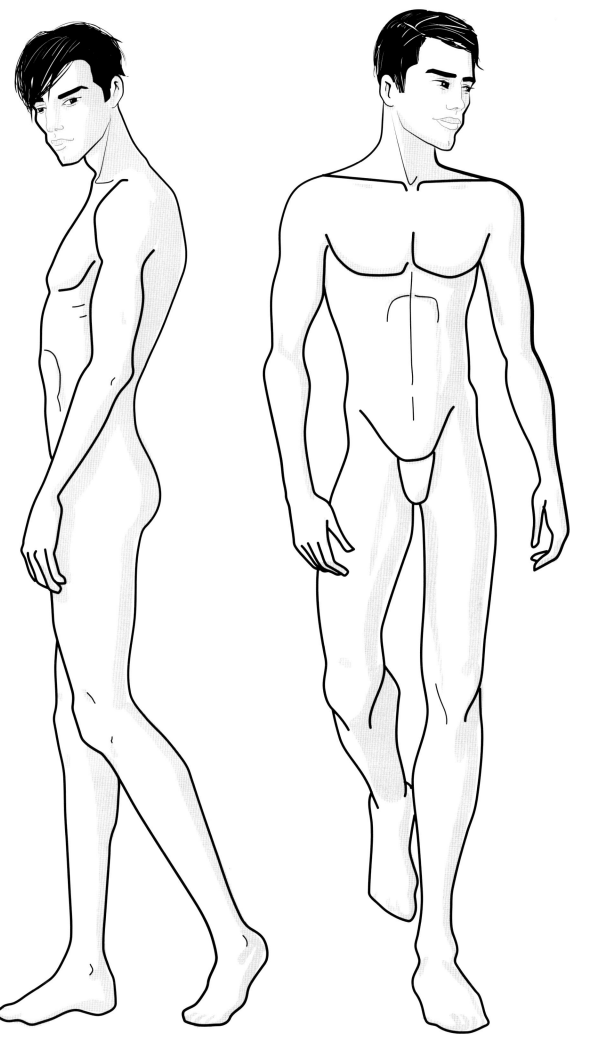

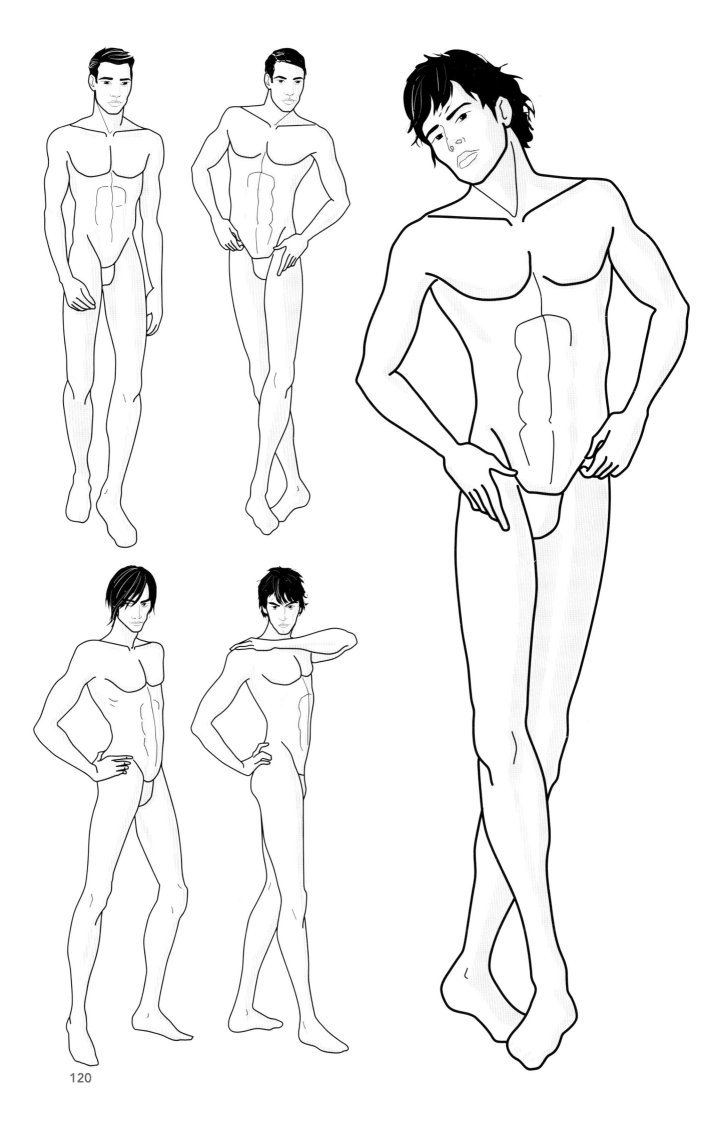

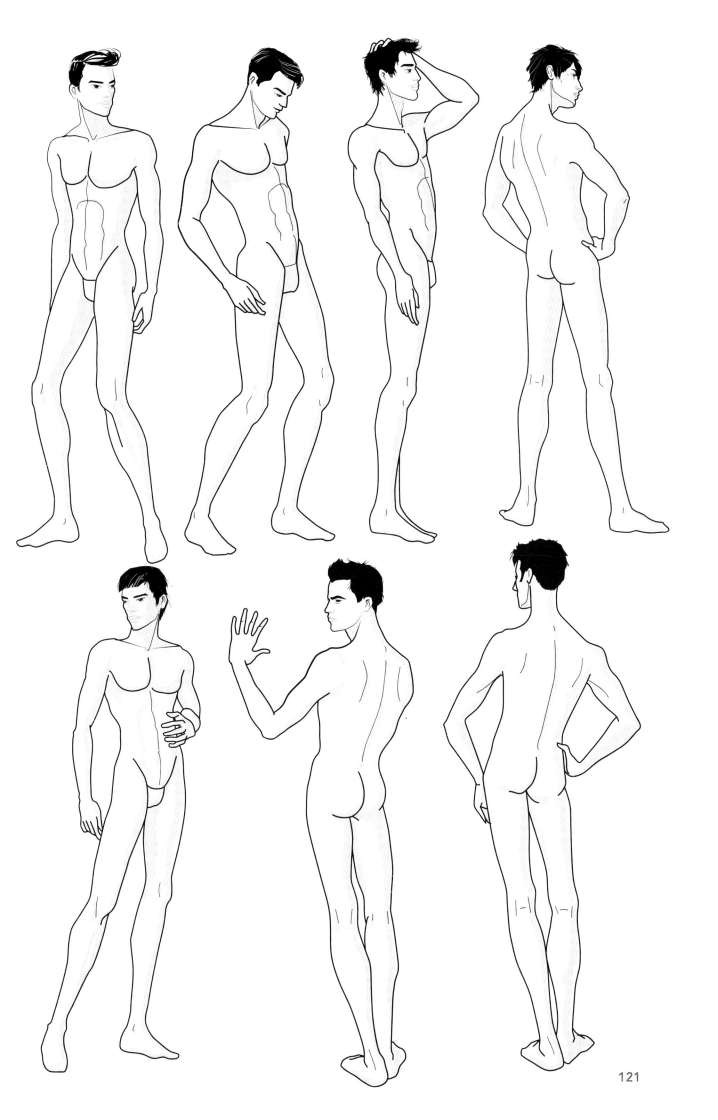

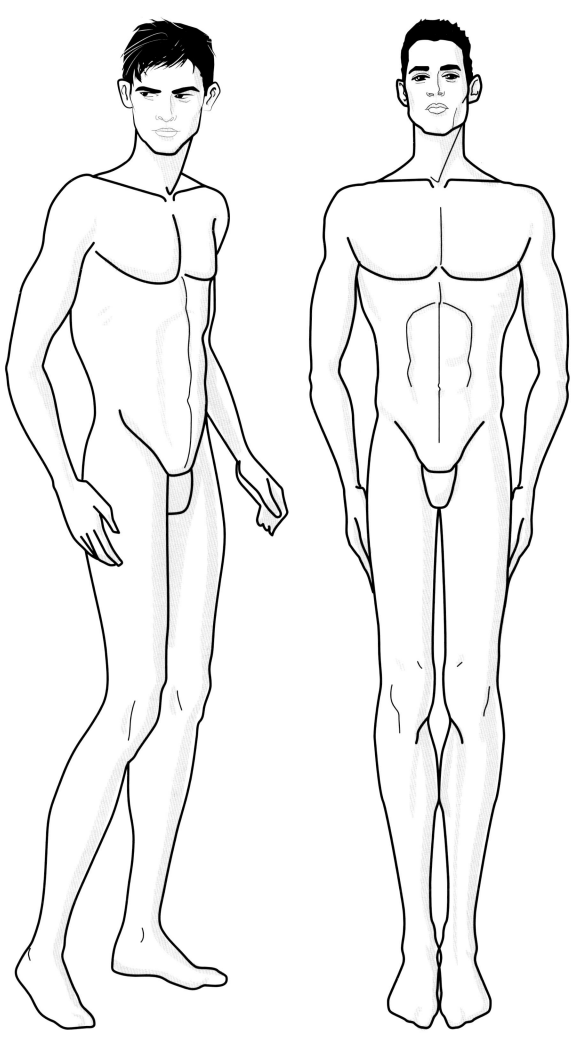

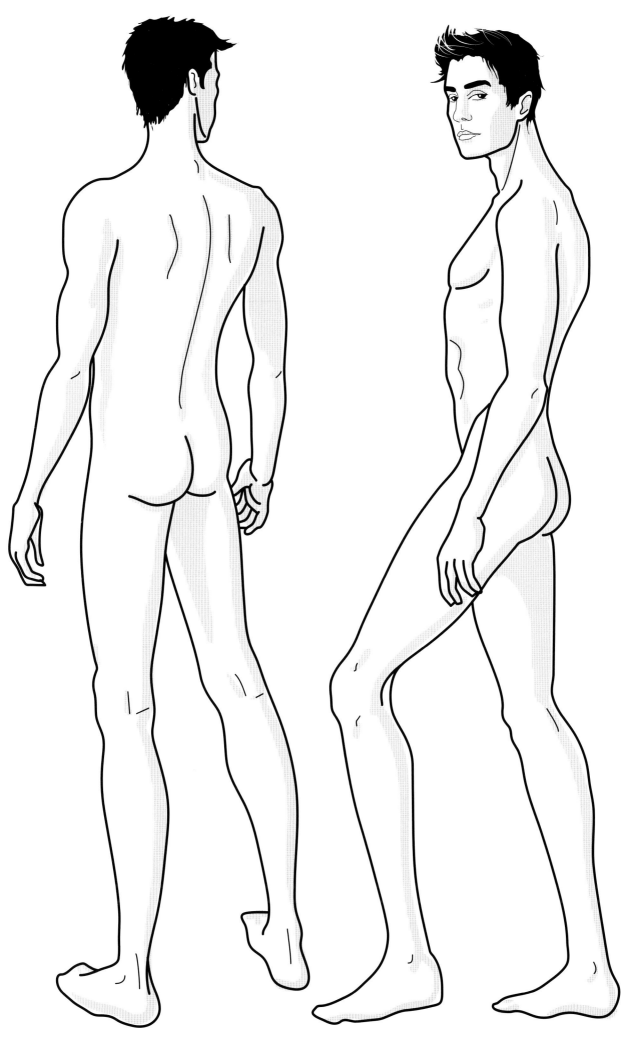

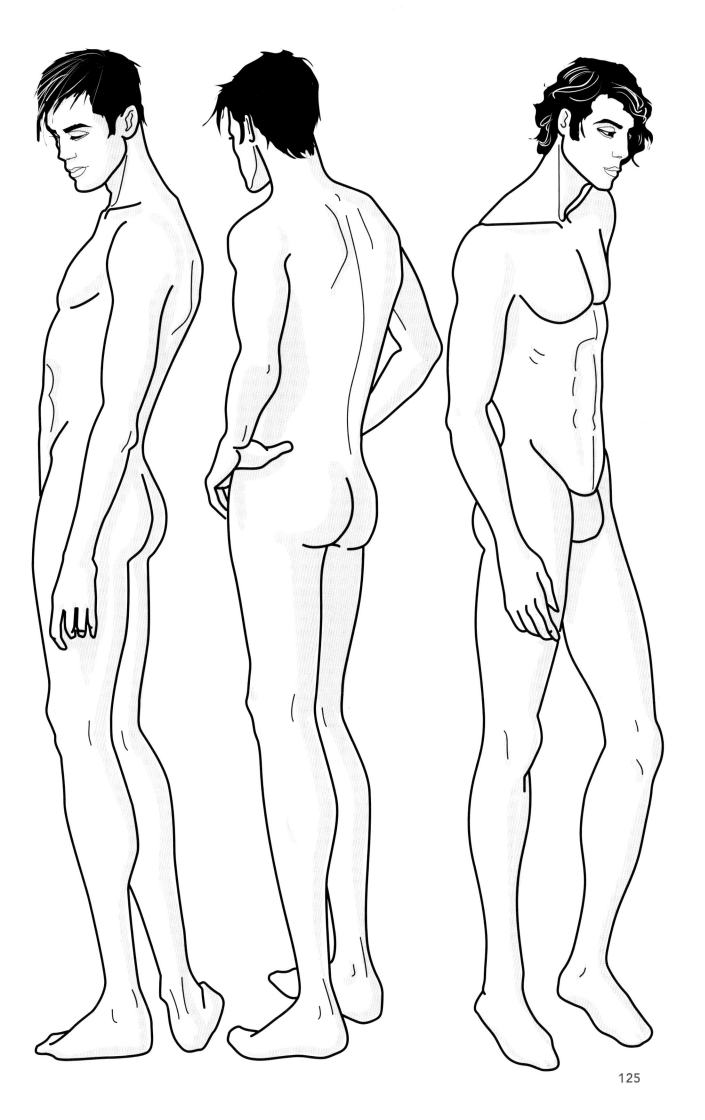

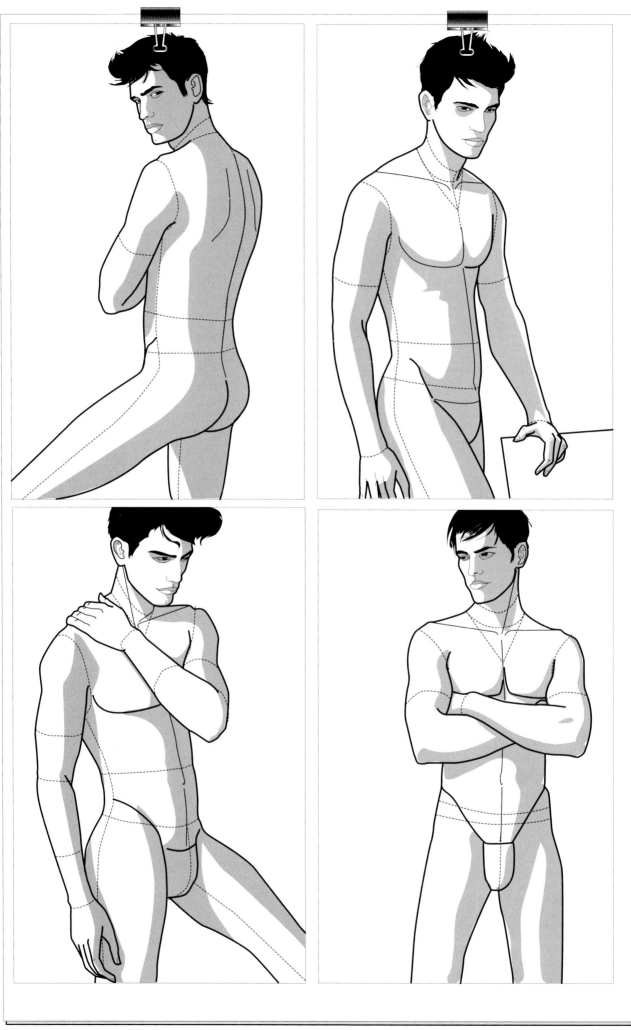

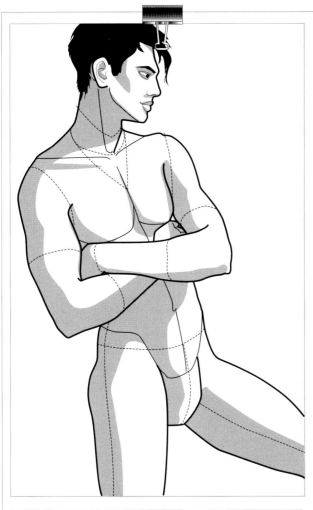
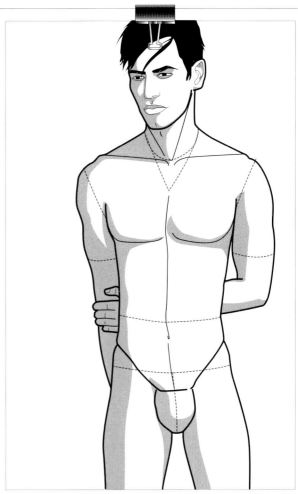
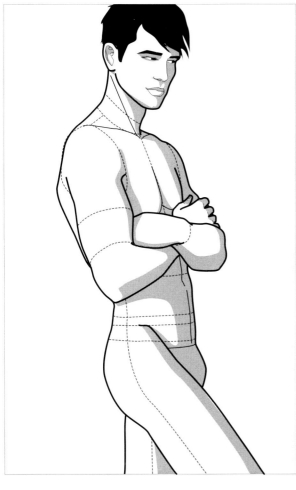
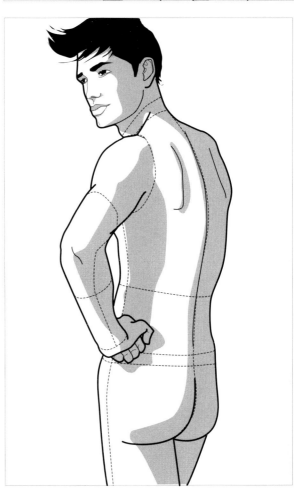

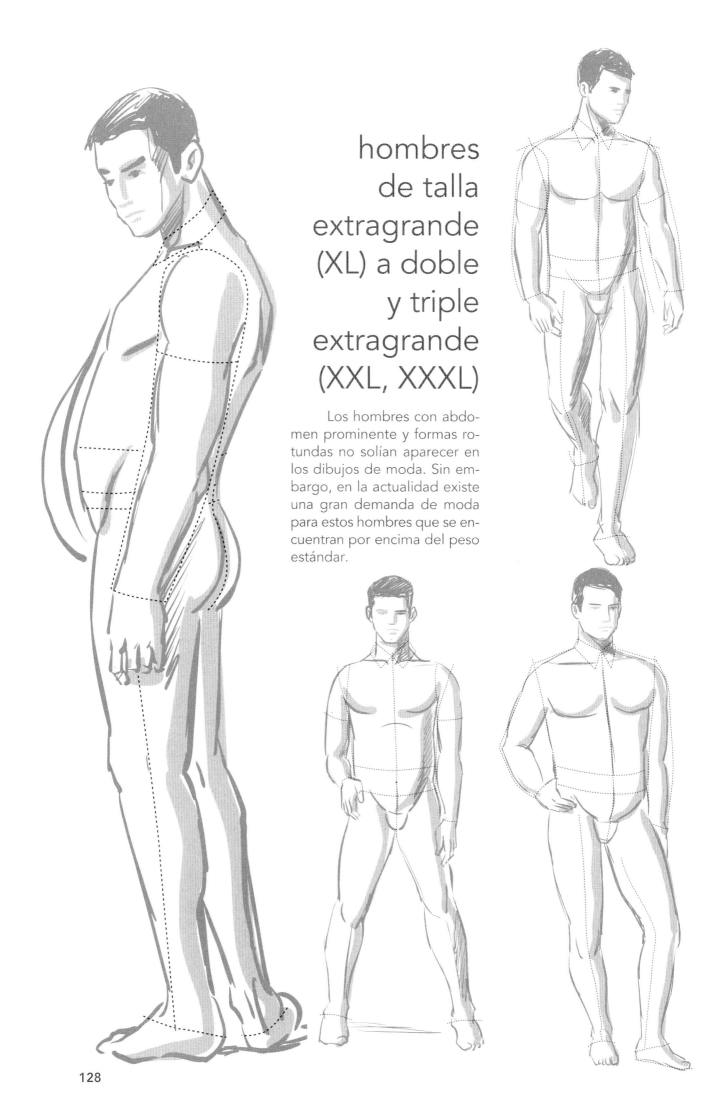

hombres de talla extragrande (XL) a doble y triple extragrande (XXL, XXXL)

Los hombres con abdomen prominente y formas rotundas no solían aparecer en los dibujos de moda. Sin embargo, en la actualidad existe una gran demanda de moda para estos hombres que se encuentran por encima del peso estándar.

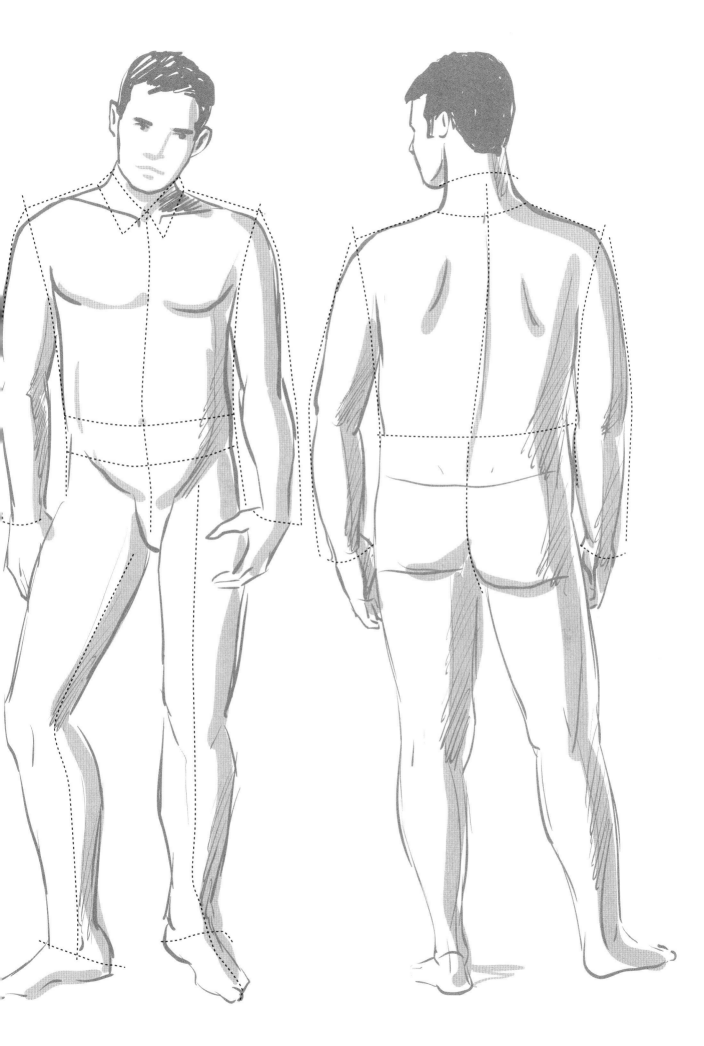

adolescentes

Las proporciones de los adolescentes actuales, en cuanto a su crecimiento y madurez corporal, se suelen corresponder con las de los adultos.

En el caso de los figurines para adolescentes es muy recomendable la utilización de posturas corporales deportivas que, además, sean desenfadadas e informales. Sin embargo, es importante prestar mucha atención tanto a la exhibición de rostros juveniles como al tipo de peinado. En este caso se tiende a utilizar un esquema infantil de la cabeza y unos ojos algo más grandes, lo que lleva consigo un efecto muy rejuvenecedor en el *look* de estos figurines. En consecuencia, muchos de los figurines de los adolescentes se pueden adaptar a partir de series femeninas y masculinas.

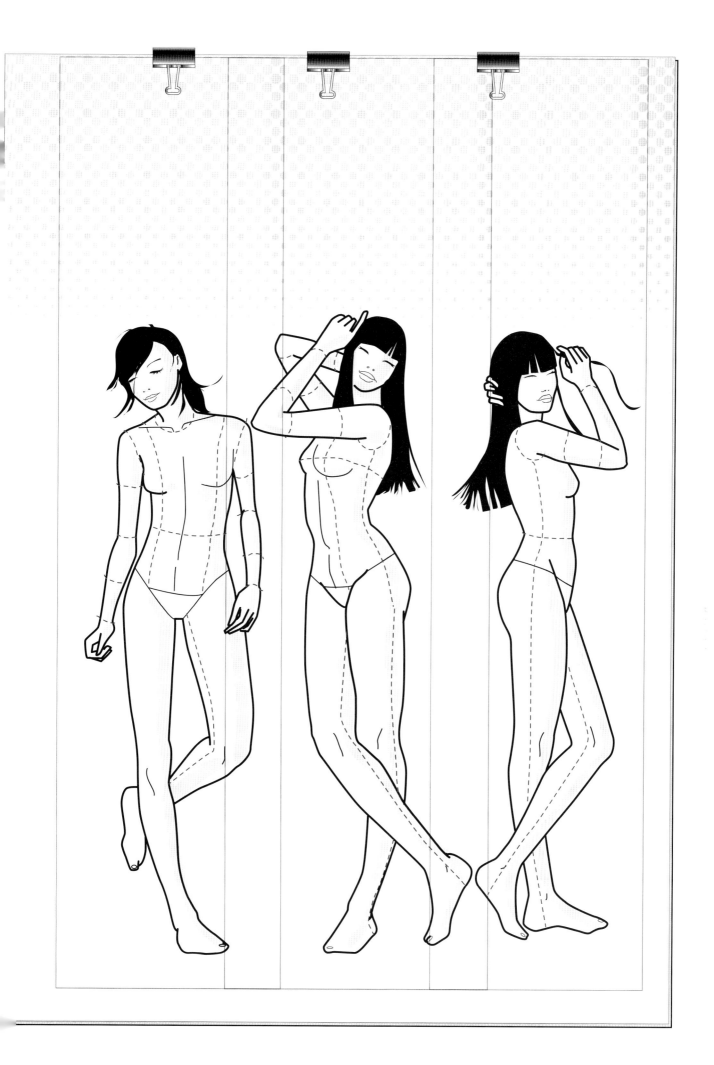

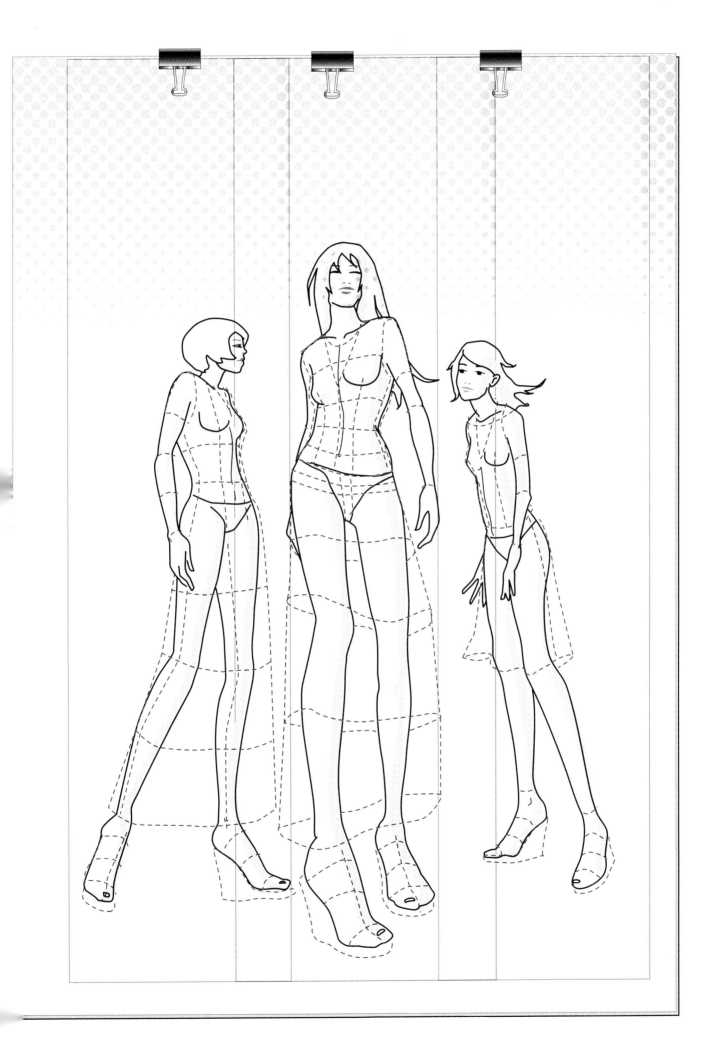

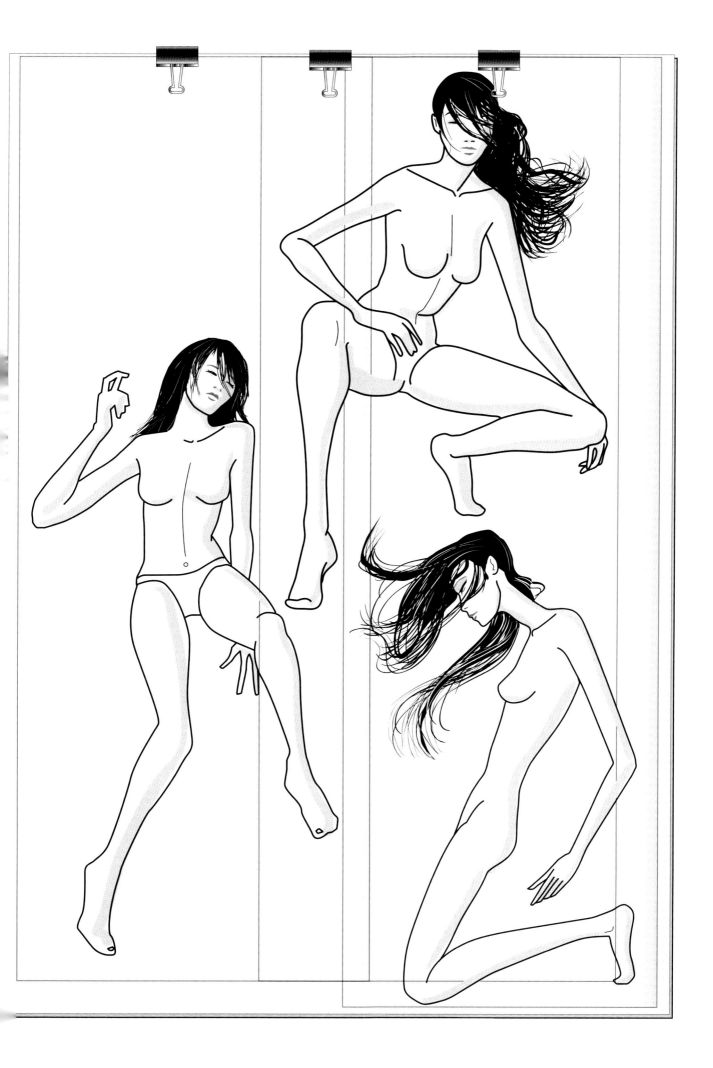

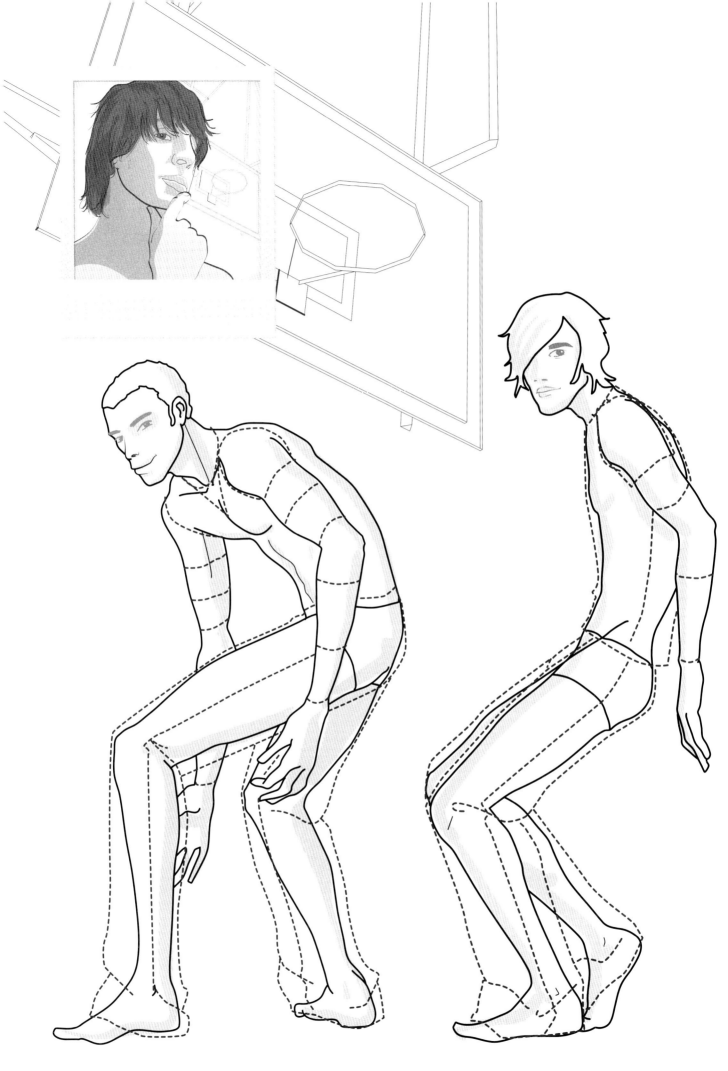

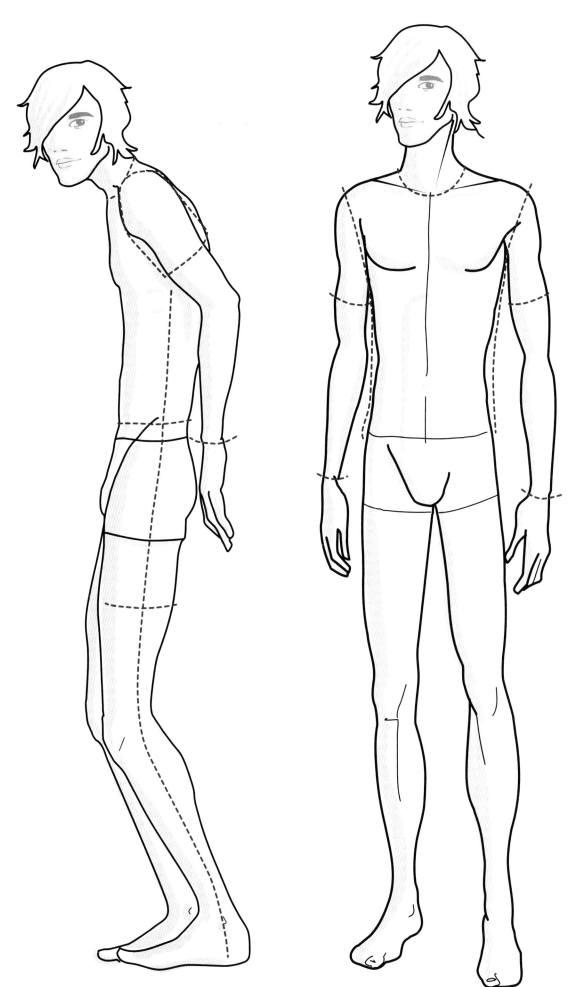

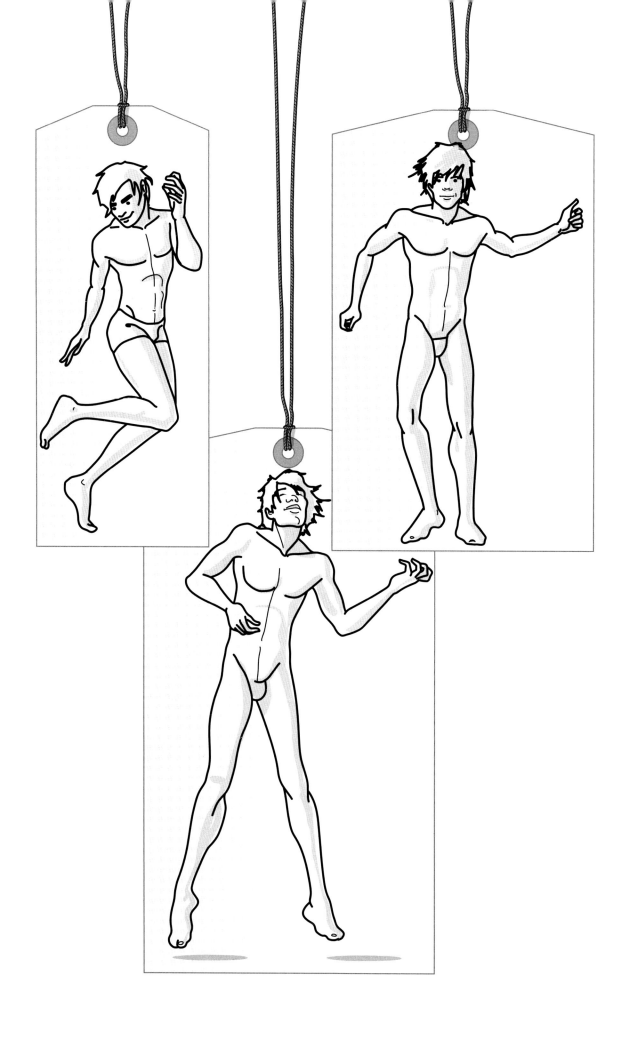

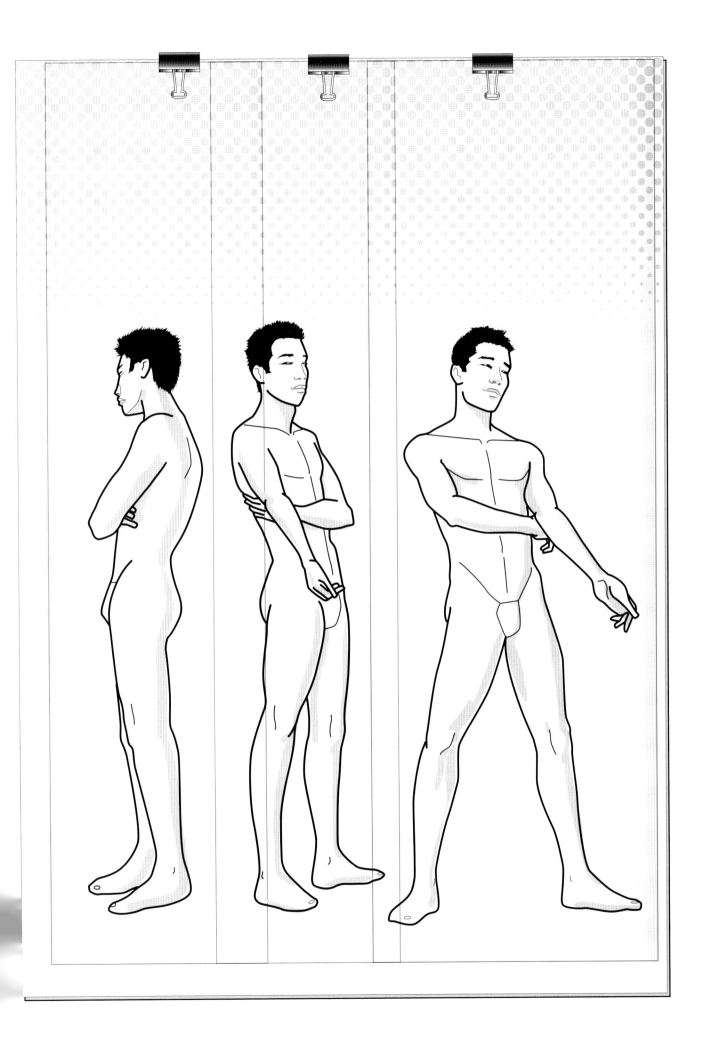

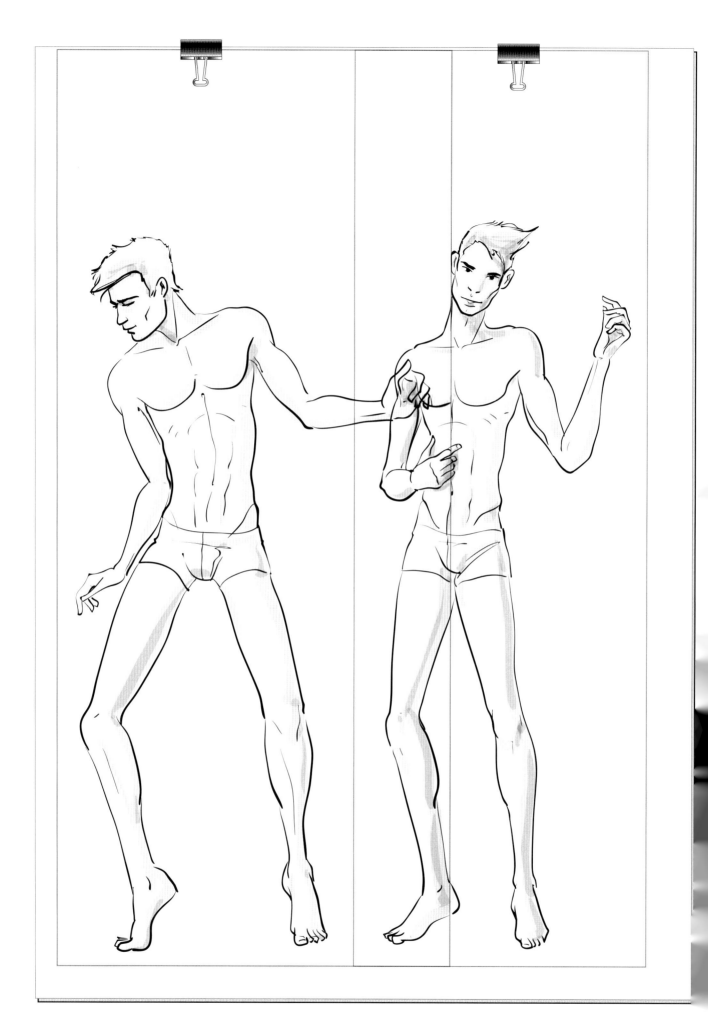

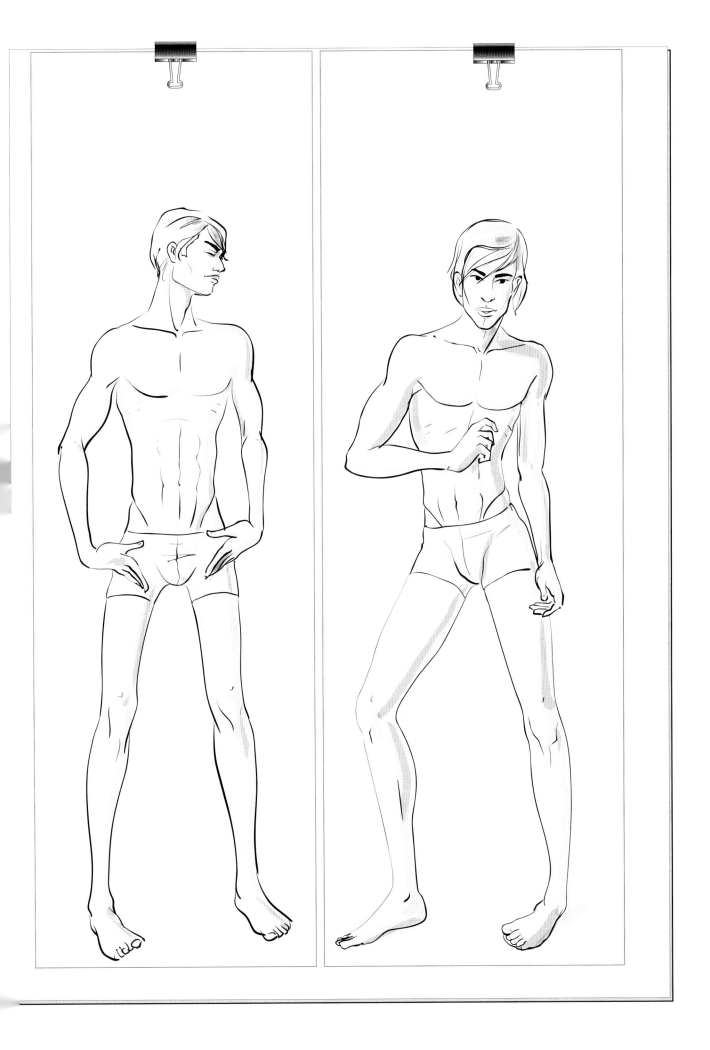

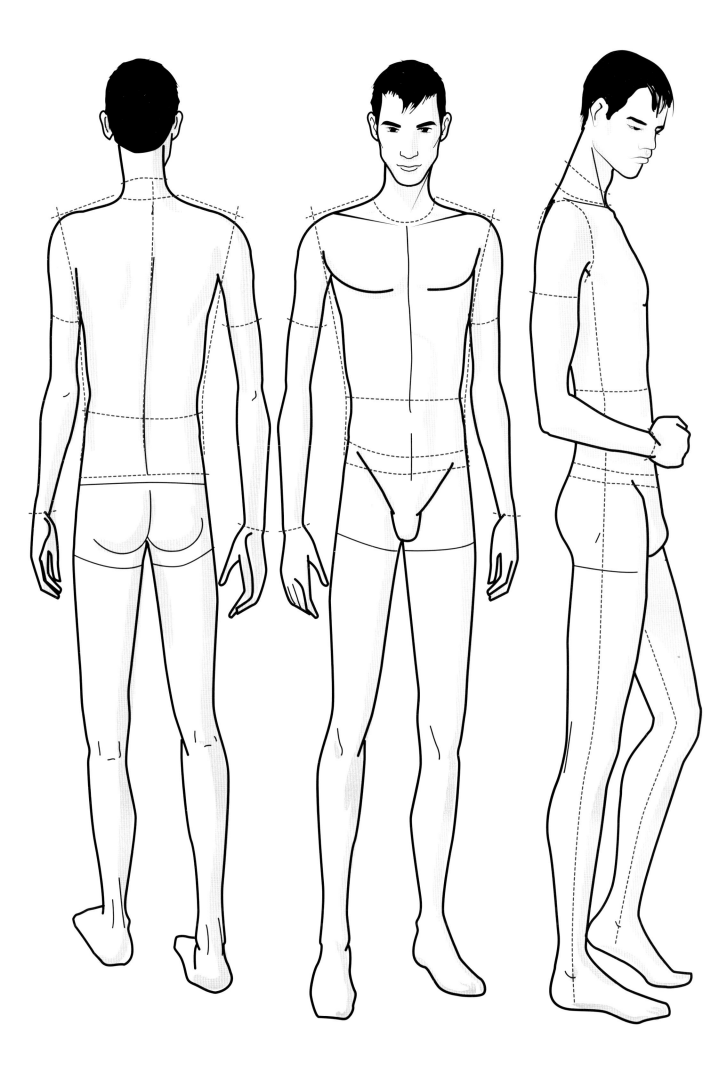

niños

El concepto de idealización de los niños viene reflejado también en sus figurines. Los niños deben ser tan adorables como sea posible, para lo que se utiliza el efecto psicológico que despierta un cierto esquema de bebé. La cabeza ha de ser mucho más grande en comparación con el resto del figurín. Los ojos se aumentan en el interior de un rostro disminuido. Es decir tanto los ojos, como la nariz y la boca están mucho más juntos que en el caso de los de adultos.

Las siluetas de niñas y niño son relativamente parecidas hasta su entrada en la pubertad, por lo que, en ocasiones, solo se diferencian por la ropa y el tipo de peinado.

La utilización de cómics y caricaturas suponen una ayuda estética para la simplificación de los cuerpos infantiles. Junto con la utilización de figurines de niños reales, también puede resultar muy interesante la alternativa de utilizar representaciones de cuerpos infantiles extraídos del campo de los dibujos animados y el cómic.

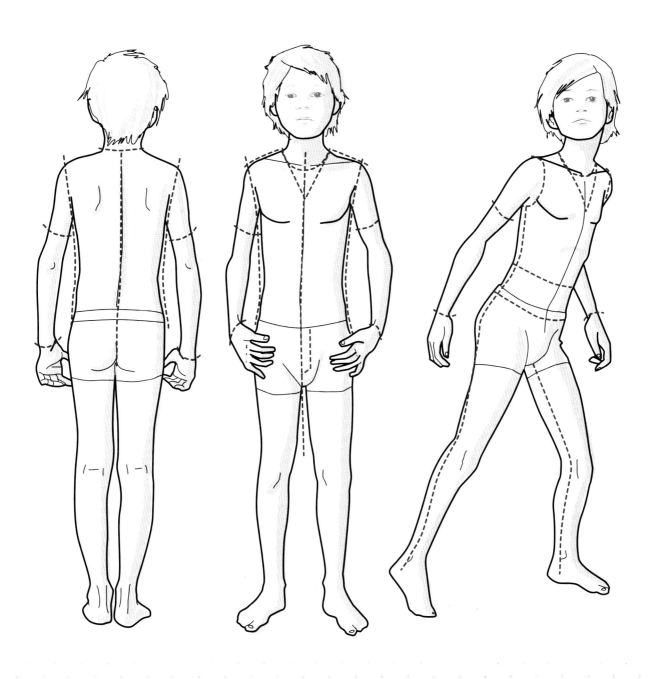

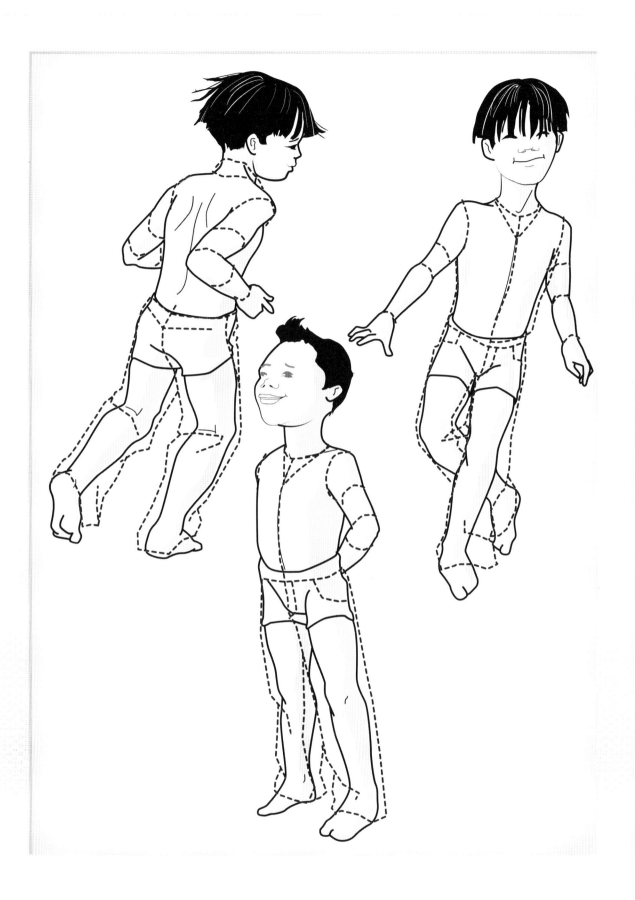

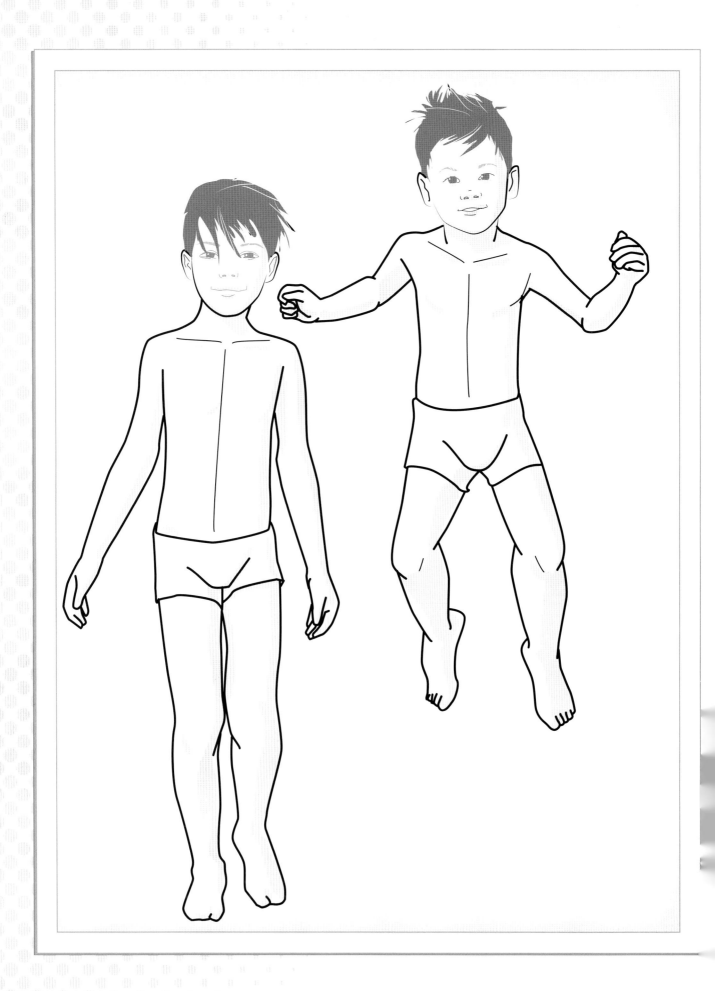

154

Estilización tipo cómic de los figurines infantiles

En las siguientes páginas, las proporciones de los cuerpos han sufrido una fuerte deformación. El aumento del tamaño de la cabeza y la reducción del cuerpo hace que las figuras infantiles parezcan grotescas, tal y como las conocemos del ámbito de los dibujos, los cómics o los cuentos infantiles.

Estas exageraciones también suponen una posibilidad para la representación de figurines infantiles cuyos cuerpos se aparten totalmente de las imágenes más naturales.

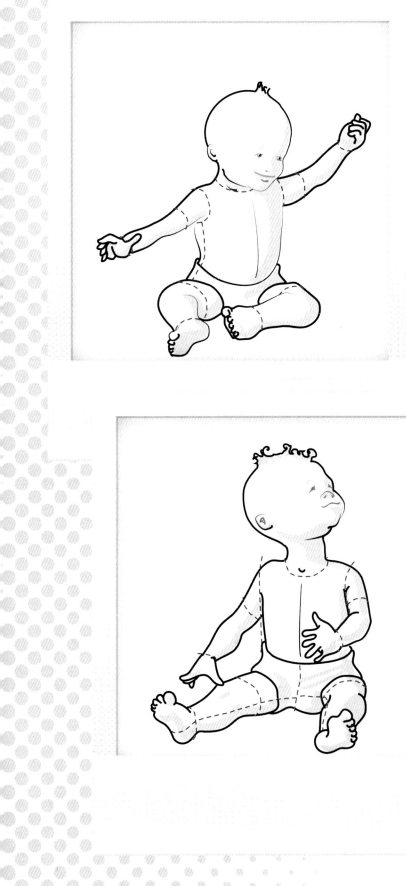
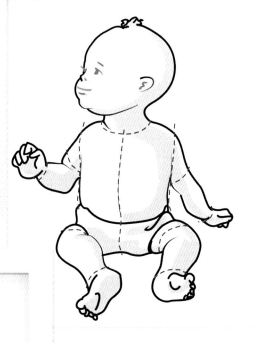

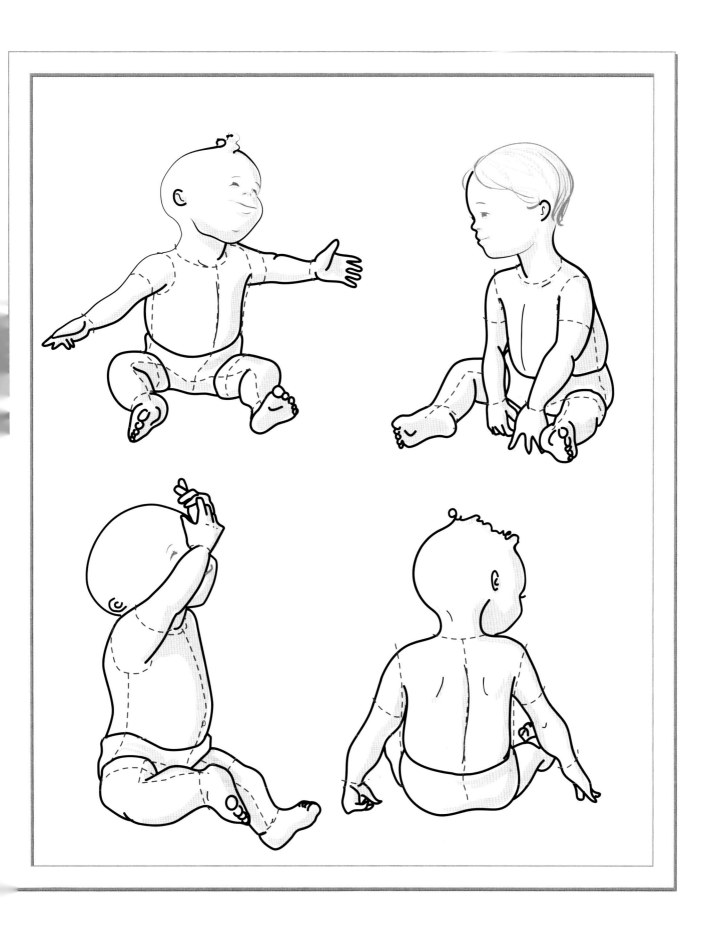

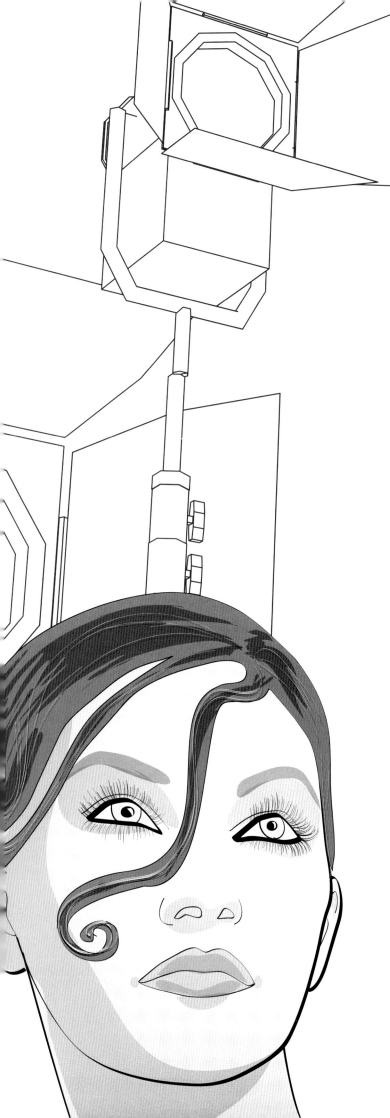

figurines técnicos

En los dibujos técnicos, los aspectos relativos a la información sobre la silueta, el corte y los detalles, como los sistemas de cierre y los acabados de la prenda, pasan a ser de la mayor importancia. Los figurines de este capítulo sirven como base para la presentación simétrica y sin distorsiones de los diseños. Los figurines se convierten en líneas auxiliares que orientan durante la realización del dibujo.

La silueta real del dibujo es la que tiene prioridad. Si, por ejemplo, el modelo y el figurín se diferencian por la anchura de los hombros, la altura de los mismos, el contorno de la cintura o la longitud de las piernas respecto a las perneras, el diseñador siempre deberá tomar como punto de partida la forma del modelo y no la estructuración del figurín. Por ese motivo, habrá que tenerlo muy en cuenta y calcular unas medidas más anchas de la prenda de ropa a la hora de hacer el dibujo.

Al realizar presentaciones en estos figurines técnicos también se pueden aplicar distorsiones en la longitud y provocar así un distanciamiento de las proporciones naturales y unos efectos mucho más elegantes. En ciertas circunstancias, el efecto estético puede tener más valor que la información en sí.

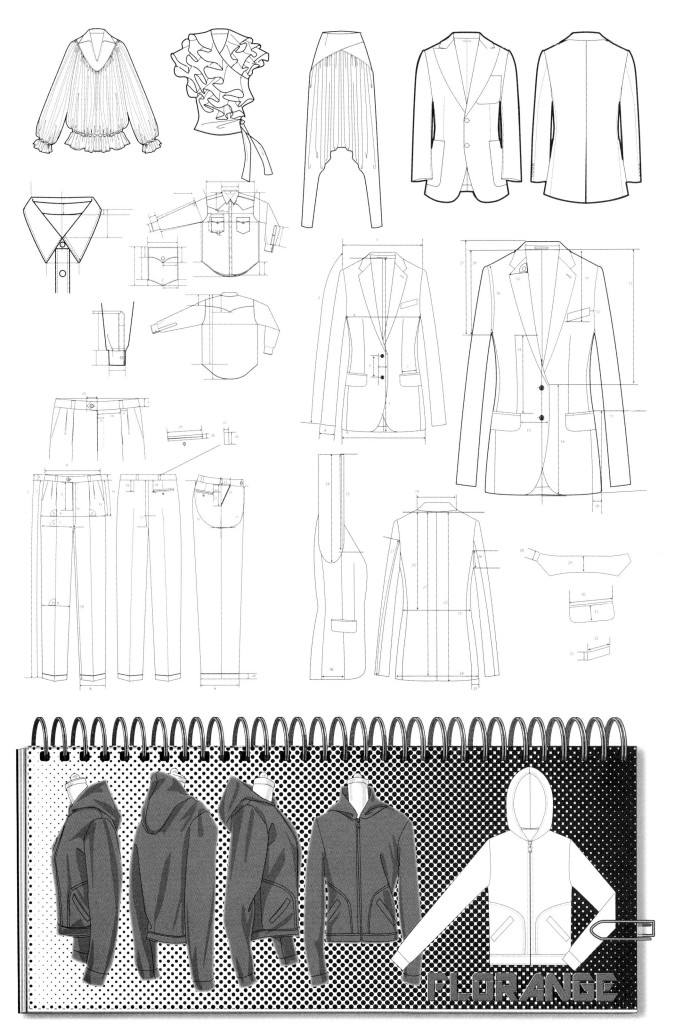

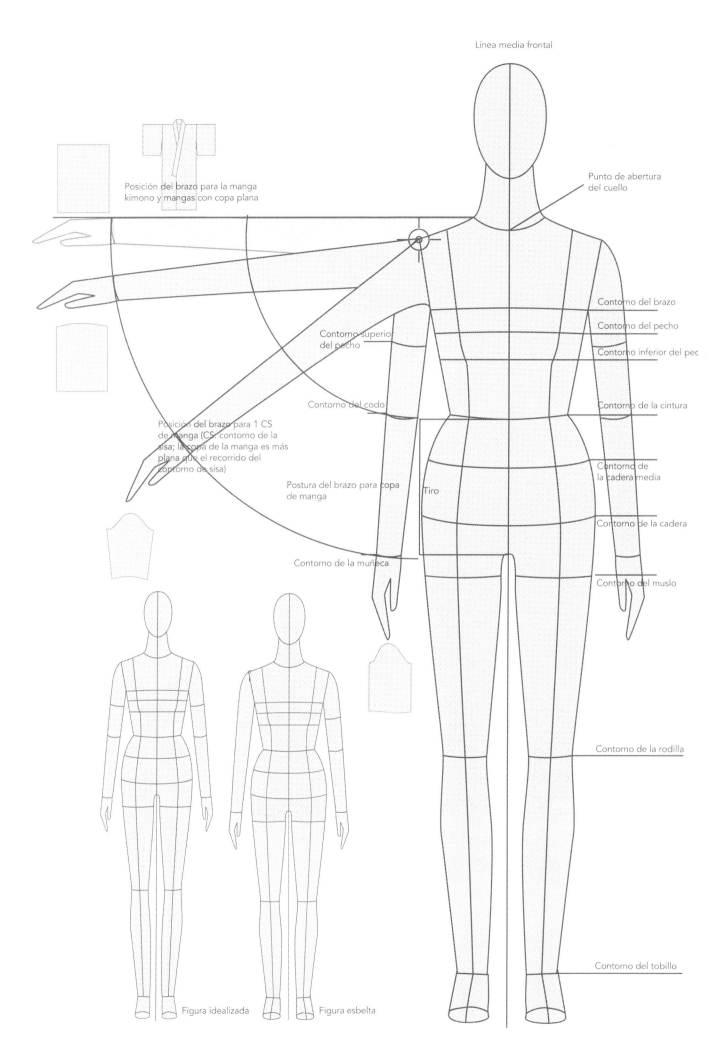

Línea media frontal

Posición del brazo para la manga
kimono y mangas con copa plana

Punto de abertura
del cuello

Contorno del brazo

Contorno del pecho

Contorno inferior del pec

Contorno superior
del pecho

Contorno de la cintura

Contorno del codo

Posición del brazo para 1 CS
de manga (CS: contorno de la
sisa; la copa de la manga es más
plana que el recorrido del
contorno de sisa)

Contorno de
la cadera media

Postura del brazo para copa
de manga

Tiro

Contorno de la cadera

Contorno de la muñeca

Contorno del muslo

Contorno de la rodilla

Figura idealizada

Figura esbelta

Contorno del tobillo

164

Denominaciones

El figurín que aparece en la página de la izquierda contiene las líneas más importantes de marcación. Las diferentes posturas de los brazos prevén las más variadas hechuras de mangas. Sin embargo, se corresponden con un brazo extendido más que a la forma clásica de las mangas con copa alta; es preferible un brazo muy flexionado a una forma de manga deportiva.

Los figurines pequeños de la parte inferior izquierda muestran cómo se pueden ajustar sus proporciones en función de los objetivos de la presentación. Dependiendo de si son aspectos estéticos, artísticos e informativos, aparecen en un primer plano con medidas realistas.

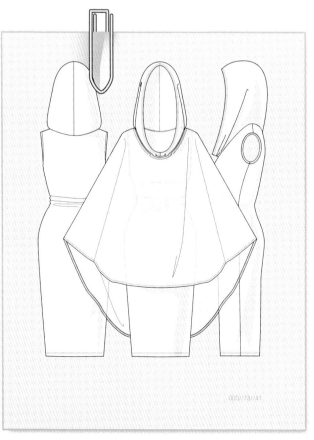

Representación de detalles en las ilustraciones técnicas

El libro *Accesorios de moda. Plantillas*, del mismo autor de esta obra, proporciona una extensa colección de ilustraciones técnicas y denominaciones para todos los géneros de confección.

Por esa razón, este apartado se limita tan solo a la descripción de algunos aspectos básicos para la representación de detalles en las ilustraciones técnicas.

Una representación técnica correcta exige una observación muy precisa y unos conocimientos básicos técnicos de la confección. Los elementos de un dibujo deben ser tan explicativos como sea posible.

Los dibujos deben permitir, por ejemplo, que se puedan distinguir las pinzas o cualquier otra abertura para que no sean confundidas con una costura de separación. Si precisan indicaciones explícitas para su comprensión, se podrán utilizar signos y símbolos que, posteriormente, deberán ser explicados en una leyenda adicional.

La abertura del cuello siempre debe partir de la prolongación de la línea de los hombros y nunca debe encontrarse por encima del punto alto del hombro.

Posición correcta del escote de la espalda:

Posición demasiada elevada del escote de la espalda:

La posición de botones y cierres y los ojales también deben presentarse correctamente en los dibujos técnicos y deben poder distinguirse entre sí. A continuación se muestran cuatro tipos de botones (de izquierda a derecha):
- Automático (siempre sin ojales para el botón)
- Botón de capuchón o bien botón forrado sin agujeros
- Botón con cuatro agujeros y ojal horizontal (chaquetas, abrigos y camisas)
- Botón con ojal vertical (camisas y blusas):

Dependiendo de la perspectiva, la curvatura del cuello se marca de diversas formas. Con respecto al busto, el escote trasero y el recorrido del cuello (tal y como indica la variante de la izquierda) se curvan ligeramente hacia arriba. En el caso de la variante situada a la derecha, la curvatura tiende algo hacia abajo:

La distancia entre las líneas de costura del recorrido del cuello nos aporta mucha información sobre el grosor del material. Cuanto mayor sea la distancia, más grosor tendrá la tela utilizada. Izquierda: material grueso, derecha: material fino:

La profundidad de la sisa con la manga extendida se puede representar en tres variantes distintas: ligera extensión de la manga, una fuerte marcación de la sisa o bien una pequeña línea de marcación en el punto inferior de la misma:

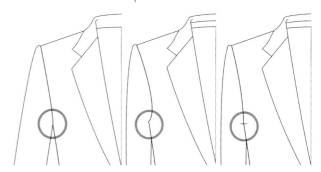

Las pinzas sirven para ajustar la prenda de ropa a la forma del cuerpo, y se representan como líneas sencillas sin rematar:

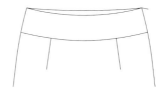

Los pliegues se indican mediante una palomilla en forma de L:

Los pliegues miran en el sentido que indican las flechas.

Los frunces se dibujan por medio de varias líneas cortas para los distintos pliegues:

En las faldas y los pantalones, las solucio-nes para la cintura son algo más elevadas en la espalda siempre que no se trate de una cintura de talle alto. Una costura ciega en la cinturilla de la falda requiere un contorno especial con una línea marcada con trazos en la zona:

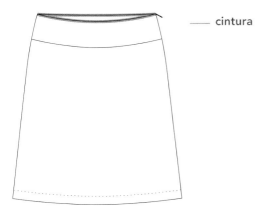

—— cintura

La abertura de la falda siempre se dibuja de manera escalonada y se diferencia entre la hoja superior y la inferior. La hoja superior siem-pre se dibuja un poco más larga:

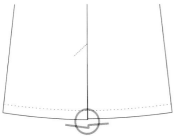

La forma del dobladillo puede presentarse li-geramente redondeado. Sin embargo esto puede llevar a malas interpretaciones en la forma de corte, por lo que solo se utiliza para las presentacio-nes en las que se desea una vista en perspectiva.

Para los dibujos de corte técnico se pre-fiere una forma recta del canto delantero de las americanas. Si se dibuja la curvatura del canto, siempre debe hacerse de una forma discreta, de manera que se puedan apreciar las diferencias entre el canto curvo y el recto:

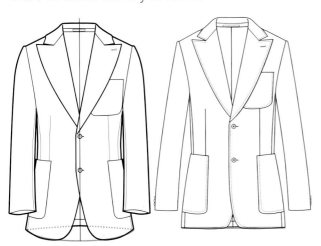

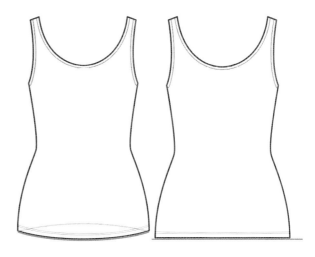

Un pliegue de planchado se reconoce mu-cho mejor si, en el dobladillo, el pliegue presen-ta una forma ligeramente en pico. Las vueltas en el bajo del pantalón se remarcan por medio de un pequeño escalón.

—— cintura

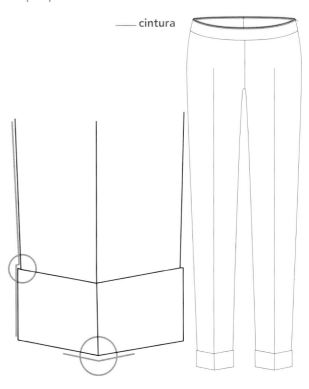

En el dibujo técnico, las cremalleras invi-sibles no se diferencian de las demás. Por ese motivo, para distinguirlas se suelen utilizar abrevia-turas que deben ser explicadas en una leyenda.

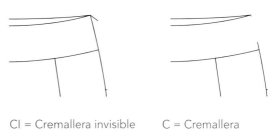

CI = Cremallera invisible   C = Cremallera

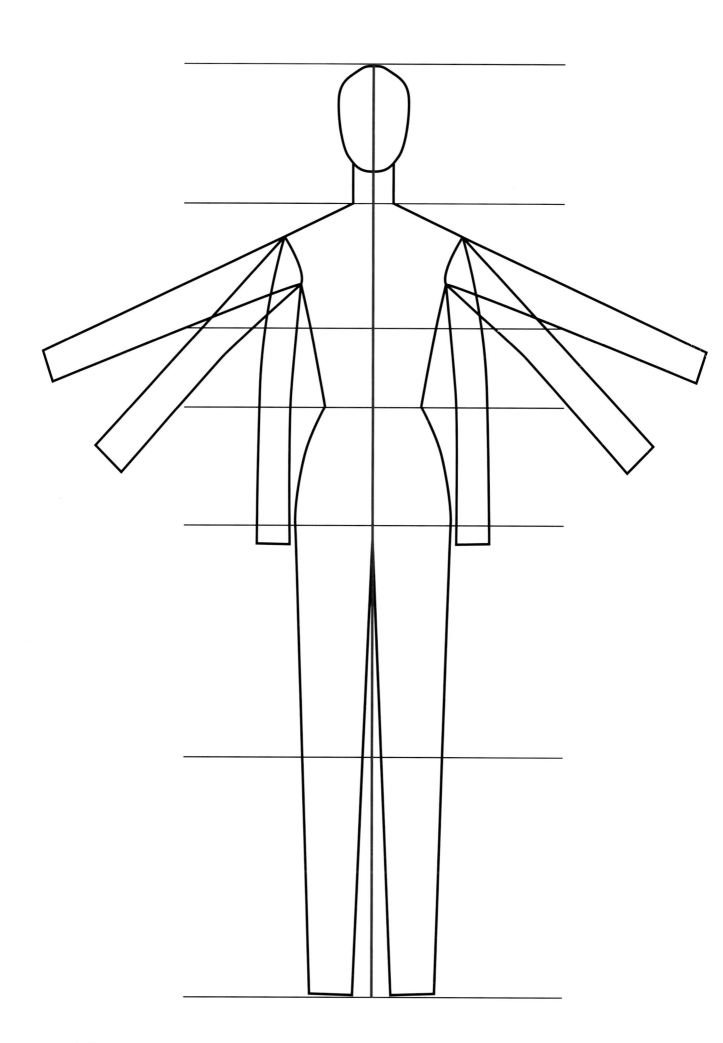

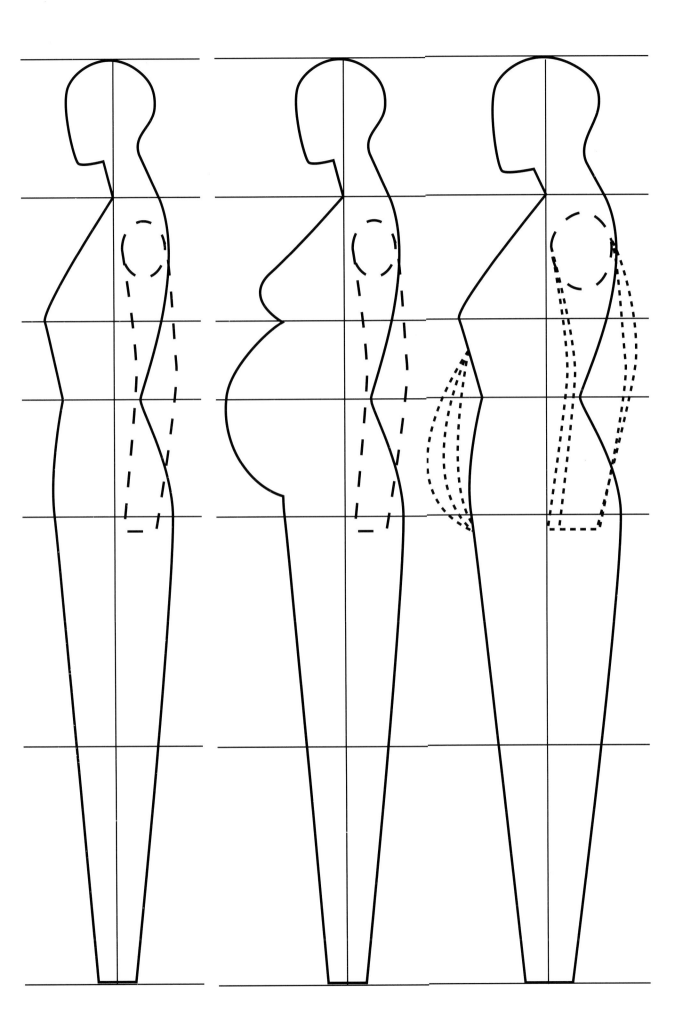

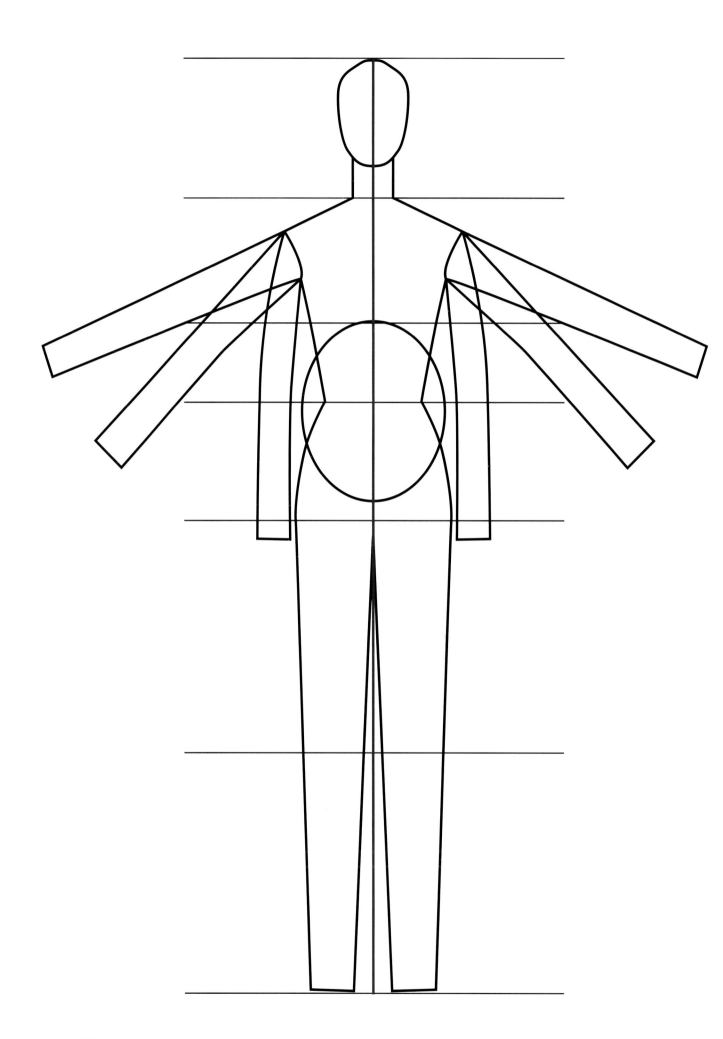

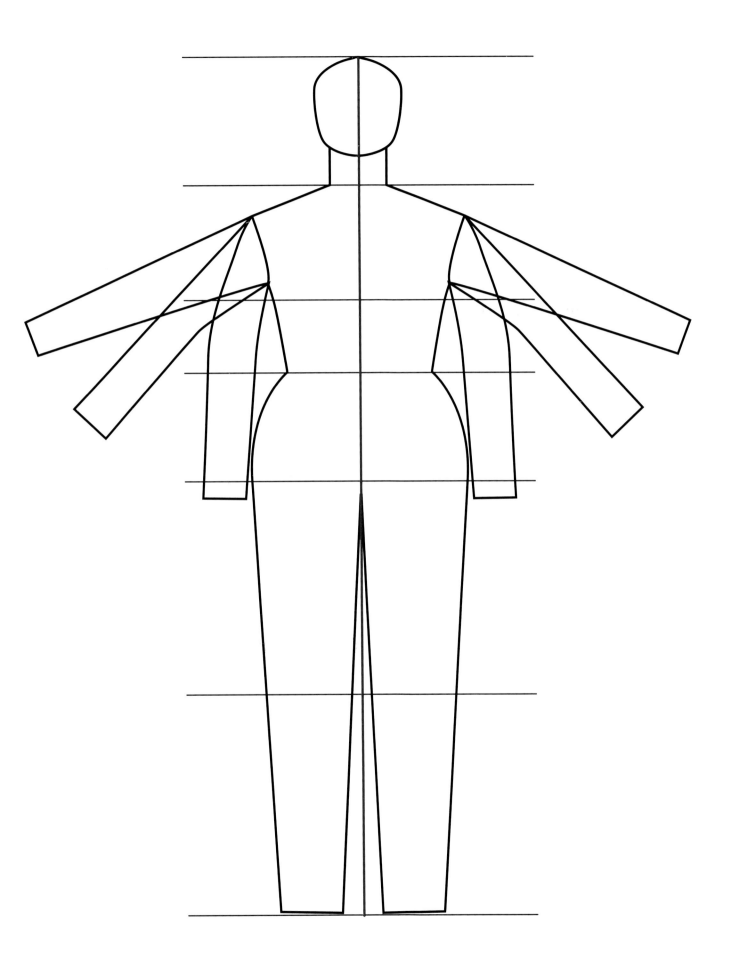

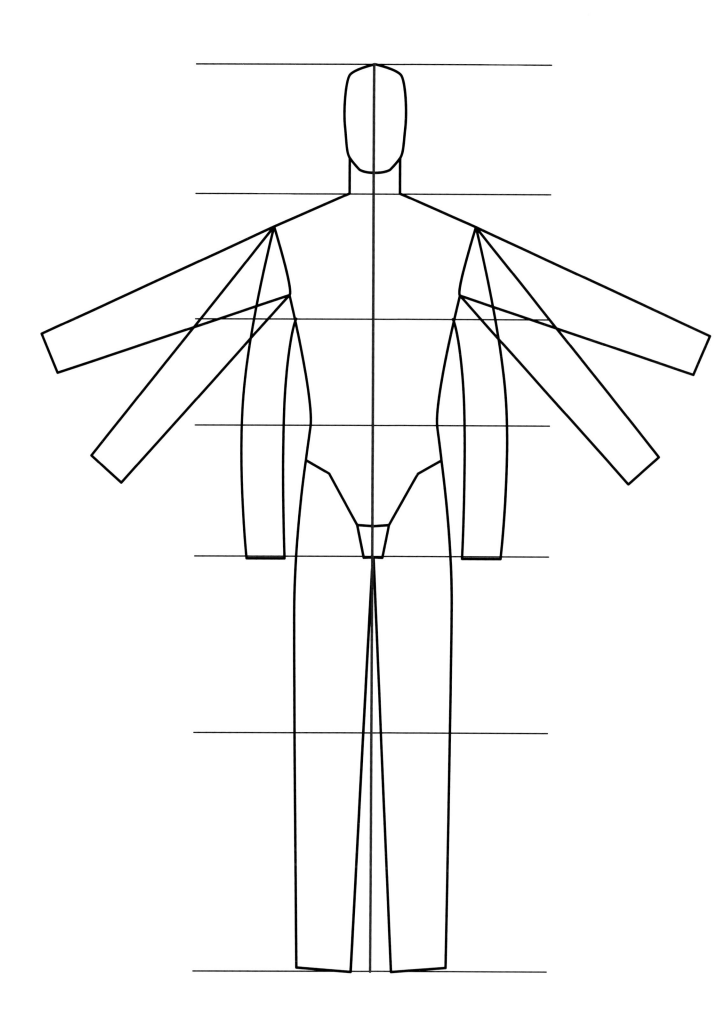

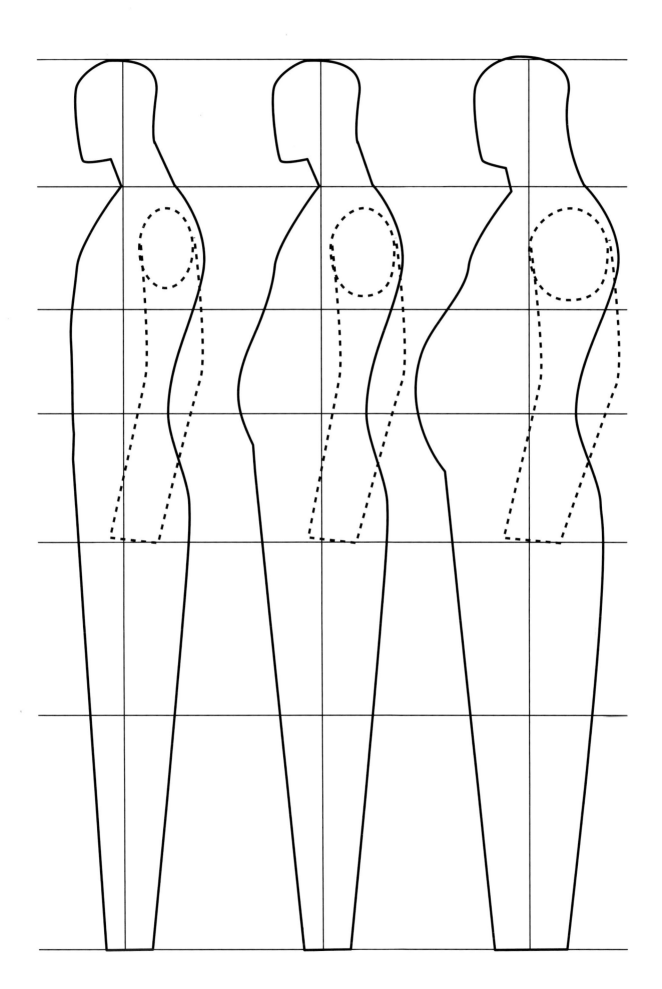

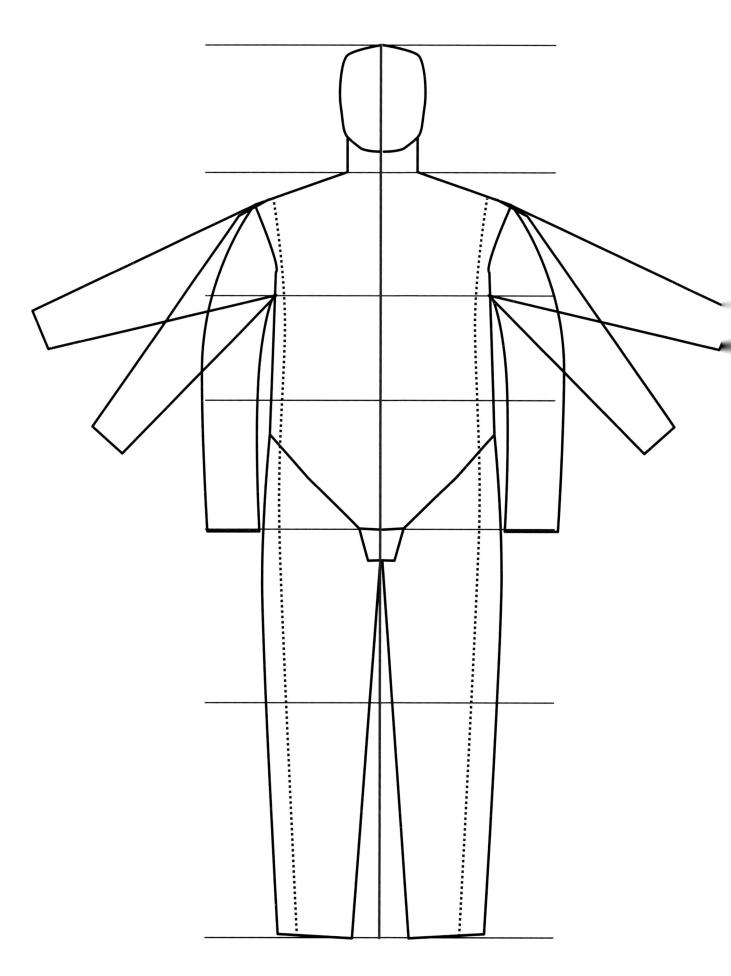

174

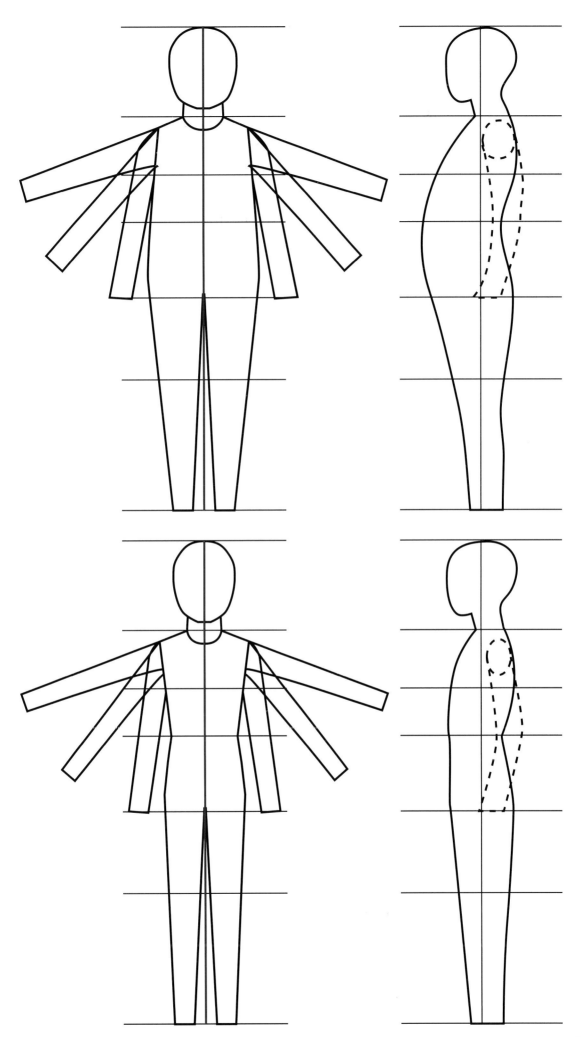

175

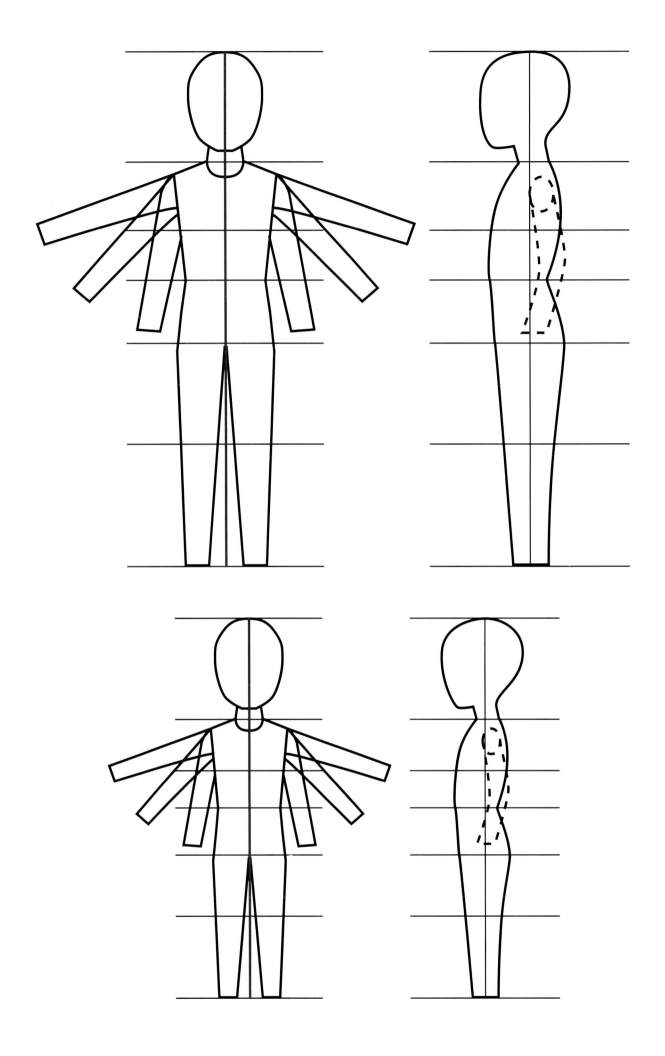